초등학교 때 키가 평생을 좌우한다

신비한의원 류도균 원장의 폭풍성장 클리닉

초등학교 때 키가 평생을 좌우한다

류도균 지음

살림

| 머리말 |

아이 성장을 돌보는 것은
아이의 건강을 관리하는 것입니다

"아이가 올해 초등학교에 입학했는데 친구들보다 키가 작아 속상해요. 저도 어렸을 때 키가 작아 항상 앞번호를 차지했는데 저희 아이가 저를 닮아 키가 작은 건 아닌가 걱정이에요."

"이제 5살인데 또래 남자아이들보다 주먹 하나 크기로 작아 정말로 걱정이에요. 밥을 주어도 고개를 반대로 돌리고 잘 먹지도 않는답니다."

자녀의 키가 작아 고민이라는 어머니들이 상담해온 내용입니다. 키가 작은 부모님들은 혹시라도 자녀가 자신을 닮아 키가 작지 않을까 걱정이 많습니다. 하지만 키에 작용하는 유전적인 요인은 30퍼센트 미만이라는 연구결과에서도 알 수 있듯이 부모로부터 물려받은 키 유전자의 영향력은 그리 크지 않습니다.

그렇다면 유전적인 요인을 제외한 나머지 70퍼센트는 무엇일까요? 바로 영양과 운동, 환경입니다.

나무가 튼튼하게 잘 자라려면 양분이 풍부한 토양과 따뜻한 햇빛, 촉촉한 수분이 필요한 것처럼 아이의 키가 쑥쑥 자라려면 양질의 영양과 몸을 건강하게 하는 운동, 규칙적인 생활습관을 갖춰야 합니다.

이는 무척 쉬운 것 같지만 꼼꼼하게 챙기지 않으면 지키기 어렵습니다.

예들 들어 자녀 성장에 관심이 많은 부모님이라면 '성장호르몬'이라는 말을 들어보셨을 겁니다. 뇌하수체 전엽에서 분비되는 성장호르몬은 뼈, 연골 등에 관여하여 아이가 제대로 자랄 수 있도록 도와주는 물질이지요. 키를 키우기 위해 성장호르몬 주사를 맞는 아이들도 있는데 주사요법을 쓰기 전에 성장호르몬이 자연 발생할 수 있는 환경을 만들어주는 것이 더 먼저입니다. 이 환경을 만들어주는 것이 바로 한약의 효능이며, 아이들의 체질에 따라 달리 처방되어 영양분을 적절하게 공급해주는 역할을 하게 됩니다.

일반적으로 성장호르몬은 낮보다는 밤에 깊이 잠들어 숙면을 취할 때 분비되기 때문에 밤 10시 이전에 잠자리에 들어야 합니다. 그런데 밤늦게까지 책을 보거나 컴퓨터를 하느라 제때 잠자리에 들지 못하거나, 잠이 들었더라도 주변 소음이나 빛에 노출되거나, 코골이나 비염 등 건강상의 이유로 숙면을 취하지 못한다면 성장호르몬이 제대로 생성되지 못하게 됩니다.

즉, 치료에 앞서 우리 아이의 생활 패턴, 환경, 영양 상태가 성장을 돕는 상태인지 그렇지 못한 상태인지부터 살펴야 합니다.

저 역시 한의사이기 전에 두 아이의 아빠이다 보니 아이들의 성장에 관심이 많습니다. 많은 부모님들이 자녀 성장에 관심을 갖고 다양한 정보를 수집하는데 과연 그것이 모두 올바른 정보일까, 아이들 성장에 도움이 되는 양질의 영양은 무엇이며 성장판을 자극해주는 운동은 또 어떤 것이 있을까 등 많은 생각을 했습니다.

그러다 키 성장에서 가장 중요한 것은 바로 아이라는 생각에 이르렀습니다. 그런데 지금까지 아이를 배제한 채, 부모의 입장에서만 아이의 성장을 바라보았습니다. 오직 키 큰 아이를 만든다는 목표를 달성하기 위해 아이의 기분이나 상태는 염두에 두지 않은 채 많은 정보와 시간을 투자했습니다. 이러한 부모의 노력과 관심이 오히려 아이에게 스트레스로 작용해 좋은 결과를 얻는 데 걸림돌이 될 수 있다는 사실을 놓친 겁니다.

공부를 잘하는 학생들은 공부하는 시간을 즐깁니다. 문제를 풀고 해답을 얻는 과정에서 성취감을 느껴 더 어려운 문제에 도전하고 싶은 마음이 생깁니다. 성장도 마찬가지입니다. 성장을 위해 노력하는 시간들을 즐겨야 비로소 좋은 결과를 얻을 수 있고, 쑥쑥 자란 키를 보면서 뿌듯함을 느껴야 앞으로도 더 열심히 운동을 하고 몸에 좋은 음식을 먹고 건강하게 생활하겠다는 의지가 생깁니다.

이 책에는 성장에 대한 기본 정보와 함께 영양, 운동, 환경 등의 변화를 통해 노력하는 만큼 클 수 있는 방법들이 담겨 있습니다. 무엇보다 중요한 것은 이 모든 과정을 아이와 부모가 함께한다는 것입니다. 특히, PART6 '키 한 뼘 마음 두 뼘 크는 스트레칭'에는 아이와 부모가 함께하는 다양한 운동법을 담아 아이와 부모가 교감하고 애정을 나누면서 키도 클 수 있는 일석이조의 운동들을 제안했습니다.

  성장을 위해 영양 식단으로 바꾸고, 매일 운동을 하고, 규칙적인 생활을 하다보면 키는 물론 건강까지 좋아지는 것을 느낄 수 있습니다. 그래서 저는 감히 말씀드립니다. 아이의 성장 관리는 결국 아이의 건강을 관리하는 것이라고. 때문에 성장 관리는 비단 키가 작은 아이들만 하는 것이 아니라 건강을 위해 모든 아이들에게 필요합니다.
  끝으로 늘 한결같은 마음으로 사랑과 응원을 아끼지 않는 가족과 이 책이 출간되기까지 애써준 직원들에게 고마움을 전하며, 은사이신 신재용 원장님께 지면을 빌어 깊은 감사의 말씀을 올립니다.
  여러분의 가정에 늘 사랑과 따뜻한 행복이 충만하기를 진심으로 기원합니다.

차 례

머리말_ 아이 성장을 돌보는 것은 아이의 건강을 관리하는 것입니다 _4

초등학교 때 결정되는 키 성장의 비밀

키 성장, 늦었다고 생각할 땐 정말 늦다! _14
노력하는 만큼 클 수 있다 _20
학업 스트레스를 방치하면 키가 안 커요 _30
작은 질병 하나가 성장장애를 일으킨다 _35
키 성장의 빨간불! 성조숙증 _46
키 성장에 대한 오해 혹은 진실 _53

폭풍성장, 꿈을 이루는 법

잘 먹어야 잘 큰다 _66
수면, 키 성장을 이루어주는 보약 _81
성장과 평생 건강의 주춧돌 '운동' _91

PART 3 코로 숨 쉬면 키도 쑥쑥! 몸도 튼튼!

코 건강이 키 성장에 미치는 영향 _ 106
코가 행복해지는 생활습관 _ 109
알레르기 비염, 소아천식 등 알레르기 질환의 모든 것 _ 113
알고 있으면 좋은 코의 구조와 기능 _ 123
엄마가 진단하는 증상별 코 질환 _ 130
성장발달 늦추는 적색경보, 코골이 _ 136
코 건강과 직결되는 좋은 습관 vs. 나쁜 습관 _ 144
키가 쑥쑥! 코가 뻥 뚫리는 건강 마사지 _ 148
코에 좋은 한방약재와 한방차 _ 152

PART 4 척추를 바로 세워야 키가 큰다

아이들 척추가 위험하다 _ 160
척추측만증, 조기 발견이 관건 _ 165
일자목, 습관으로 키운 병이 몸을 망친다 _ 171
성장을 위해 지켜줘야 할 바른 자세 _ 178

PART 5 한방 성장치료로 작은 키 고민 끝

한방 성장치료는 정확한 진단부터 시작한다 _ 194

작은 키를 깨우는 달콤한 한방치료법 _ 199

사상체질에 따른 아이의 성장 _ 206

『동의보감』에서 찾아낸 키 크는 베스트 한약재 _ 211

키가 쑥쑥 크게 하는 한방 경혈지압 _ 222

아로마테라피 요법으로 키는 쑥쑥, 마음은 튼튼 _ 228

PART 6 키 한 뼘 마음 두 뼘 크는 스트레칭

하늘만큼 커져라! 쑥쑥 스트레칭 _ 238

온몸이 유연해지는 활짝 스트레칭 _ 246

숨은 키를 늘려주는 허리 쭉쭉 스트레칭 _ 250

엄마와 같이하면 더 좋은 함께 스트레칭 _ 256

'남자 185센티미터, 여자 168센티미터'는 대한민국 모든 아이들이 바라는 '꿈의 키'다. 키가 작은 부모들은 아이의 키를 키우기 위해 갖은 노력을 다한다. 하지만 잘못된 정보는 오히려 성장에 해가 될 수 있다. 키 성장에 관한 정확한 정보를 바탕으로 생활습관을 바꿔나갈 때 아이의 성장은 이루어질 수 있다. 이번 파트에서는 키 성장에 관한 정확한 이해를 위해 '우리 아이 키 성장에 대한 모든 것'을 알아보겠다.

PART 1

초등학교 때 결정되는 키 성장의 비밀

키 성장, 늦었다고
생각할 땐 정말 늦다!

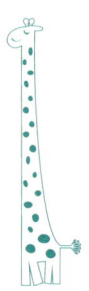

"우리 아이가 반에서 앞 번호예요."
"엄마 아빠는 큰데, 왜 우리 아이는 작은 걸까요?"
같은 나이에 옆집 아이가 우리 아이랑 머리 하나만큼 차이가 나면 마음이 덜컥하고 내려앉는다. 작은 고추가 맵다는 속담도 있긴 하지만, 어디 현실이 그런가 말이다. 미국 경제학자들의 연구에 의하면 키가 큰 남자들은 키가 작은 남자들에 비해 연봉을 더 많이 받고, 결혼도 잘하며, 성공할 확률이 높다고 한다.

이러한 예를 들먹이지 않더라도 잘생긴 외모와 큰 키는 신분, 연봉, 연애 등에 영향을 미치는 일종의 사회적 경쟁력이다. 이 때문에 자녀들의 키 성장에 대한 부모들의 관심이 날로 높아지고 있다.

사실 키 크는 비결은 단순하다. 뼈가 자라는 데 필요한 영양분을 충분히 공급하고 뼈가 자랄 수 있는 환경을 만들어주면 된다. 키가 큰다는 것은 뼈가 자라는 것이기 때문이다. 그렇다면 뼈가 잘 자라기 위해서는 어떻게 하면 될까? 잘 먹고 잘 자면 되는 것이다. 뼈가 크려면 칼슘과 단백질, 그리고 여러 종류의 무기질이 필요하기 때문에 잘 먹어야 한다. 또 성장호르몬은 잠자는 동안 많이 분비되기 때문에 잘 자야 한다.

아이가 성장하면서 부모들이 아이의 키와 관련해 심각하게 고민하게 되는 시기는 대체로 초등학교에 들어가기 시작할 때다. 그 전까지는 아이들마다 편차가 있기 마련이라서 '시간이 지나면 저절로 크겠지' 하는 생각을 가지고 있다가, 막상 초등학교에 들어가서 키 순서로 아이들의 번호를 매기는 모습을 보면 (요즘은 이름순으로 번호를 주는 경우도 있다고 한다) 가슴이 철렁 내려앉는 것이다.

그러나 이때 결심한 키 키우기 프로젝트는 얼마 못 가 흐지부지되고 아이는 어느덧 고학년으로 접어들게 된다. 고학년이 되면서 마냥 아기같기만 하던 아이가 가슴이 봉긋해지거나 목소리가 변하기 시작하면 엄마들은 '이 일을 어쩌나' 하고 전전긍긍하게 된다. 이때 성장판이 많이 남아 있지 않다면 성장클리닉에서 성장치료를 받아도 더 클 수 있는 키에 한계가 있기 마련이다.

요즘 아이들은 사춘기가 일찍 찾아오기 때문에 문제가 심각하다. 사춘기가 지나면 키가 쑥쑥 자리는 시기가 사실상 끝나기 때문이다. 따라서 사춘기가 찾아오고 키 성장이 갑자기 멈춰버린 듯 속도가 둔화되기 전에, 즉 초등학교 저학년 시절부터 지속적으로 관심을 가지고 세심하게 주의를 기울여야 한다. 아이의 키가 클 수 있는 시간은 얼마 남지 않았다는 걸 명심하기 바란다.

아이들 키는 약간씩 개인차가 있지만 대체로 비슷한 성장 패턴을 가지고 있다. 출생 시 평균 키는 약 50센티미터로 생후 1년 사이에 18~25센티미터 정도 성장하고 그 후 2년까지는 12~13센티미터 정도 더 자란다. 그 뒤로 1년에 5~6센티미터 정도가 자라고 급성장기인 사춘기가 찾아오면 연간 6~12센티미터씩 키가 큰다. 교육과학기술부가 발표한 '2011 학교건강검사 표본조사' 결과에 따르면 2001년부터 2011년 사이 초등학교 6학년 학생을 기준으로 2.18센티미터가 큰 것으로 나타났다. 1991~2001년 3.86센티미터, 1981~1991년 4.46센티미터에 비해서는 다소 완화되었지만, 성장가속현상(growth acceleration)은 여전히 진행 중이다.

아이들의 평균 성장 스케줄

● **태아기**

인간은 난자와 정자가 만나 어머니의 배 속에서 태어나는 순간부터 성장을 시작한다. 아무것도 보이지 않는 세포에서부터 시작하지만 출산할 때는 50센티미터라는 거대한 크기로 세상에 모습을 보인다. 단 10개월 만에 인간의 키는 50센티미터를 자라 출생하는 것이다.

● **영유아기(신생아~36개월)**

첫 돌이 될 쯤 아이는 약 18~25센티미터 정도가 자라 약 68~75센티미터의 키가 되고, 그 다음 2년 동안은 매년 12~13센티미터 정도 자라 만 4세가 되면 약 100센티미터 정도의 키가 되고, 5세가 되면 110센티미터에 가깝게 된다. 그야말로 폭풍성장이 이루어지는 시기다. 이 시기는 성장에 있어 가장 중요한 때로 평균 키만큼 자라지 못하면 평생 작은 키로 지낼 수밖에 없다. 따라서 미숙아로 태어났거나 잔병치레가 많아 키가 작다면 초기에 치료를 시작해 중간키까지는 만들어놔야 한다.

● **소아기(36개월 이후~ 사춘기 전)**

만 3세 이후부터 사춘기 이전까지는 폭풍성장이 이루어진 후 다음 성장을 위해 숨을 고르는 시기라고 볼 수 있다. 이 시기에는 대체적으로 1년에 5~6센티미터의 키가 큰다. 이때부터 아이의 키와 관련해서 꾸준한 관찰이 필요하다. 한방에서는 이 시기의 아이가 1년에 4센티미터 미만으로 자라면 성장장애라고 진단하며 단체생활에서 오는 스트레스와 질병에 노출된 것을 주된 원인으로 보고 있다. 이 시기는 성장호르몬 결핍에 의한 성장장애가 발생하는 경우가 드물고 정확한 진단도 어려운 만큼, 성장호르몬 주사 치료는 신중하게 결정해야 한다.

● **청소년기(사춘기)**

보통 사춘기가 시작될 때부터 성인기까지의 시기를 말한다. 흔히 사람들이 말하는 사춘기는 정서적 안정성이 떨어지지만 육체적으로는 성적 징후들이 뚜렷이 나타나기 시작하는 시기라고 할 수 있다. 남자아이의 경우 몽정을 시작하는 초등학교 6학년~중1(평균 키 150센티미터/체중 51~52킬로그램) 무렵, 여자아이의 경우 유선이 발달하는 초등학교 4학년 이후를 뜻한다. 남자아이는 음모가 나면서부터 급격히 성장하는데, 보통 2년에 걸쳐 14센티미터 정도 키가 자라며 그 이후에는 1년에 5센티미터, 3센티미터, 1.7센티미터, 0.8센티미터씩 자란 다음 성장이 멈춘다. 여자아이는 평균 1년에 6.8센티미터씩 2년 정도 자라다가 키 150센티미터에 체중이 42킬로그램 정도 되면 초경을 시작하면서 2년 정도 더 자라다가(1년차 5센티미터, 2년차 3센티미터) 성장이 종료된다.

청소년기는 영유기에 버금가는 급격한 성장이 일어나고 이후 키의 성장이 멈추기 때문에 키에 있어서는 가장 중요한 시기라고 할 수 있다. 그러므로 1년에 평균 5센티미터 미만으로 자라면 전문적인 치료가 필요한 성장장애를 의심해보고 상담을 받을 필요가 있다.

노력하는 만큼 클 수 있다

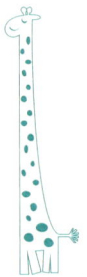

"엄마 아빠가 작은데 우리 아이 얼마나 더 클 수 있을까요?"

아이의 작은 키 때문에 찾아오는 부모들에게 가장 많이 받는 질문 중 하나다. 키가 작은 부모들은 내 아이만큼은 작은 키가 대물림되지 않기를 바라고 또 바란다. 키는 과연 유전에 의해 결정되는 것일까?

결론부터 말하자면 유전에 의해 결정되는 것이 맞다. 아이의 평균적인 키는 대체적으로 가족력이라 할 수 있는 유전적 요인이 매우 강하게 작용한다. 평균적으로 남자아이는 '(아빠 키+엄마 키+13센티미터)/2' 만큼, 여자아이는 '(아빠 키+엄마 키-13센티미터)/2' 정도로 자란다.

그런데 이 공식을 아이에게 그대로 적용하는 것은 사실 문제가 있다. 가령 부모 중 한 명은 키가 크고 다른 한 명은 키가 작을 경우 자녀들 중에는 키가 큰 아이도 있고 작은 아이도 있는데, 이런 경우는 어떻게 설명할 것인가? 또 큰 부모들 사이에서도 키가 작은 아이가 태어나는 경우, 혹은 그 반대의 경우도 심심치 않게 볼 수 있다.

유전과 관련해서 생각해볼 또 하나가 있다. 키가 작은 부모의 유전자를 물려받은 아이의 키는 부모의 키와 동일할까? 그렇지 않다. 유전을 통해 결정되는 키는 확정형이 아니다. 인간의 크기를 말하는 키는 인간의 몸을 형성하는 206개의 크고 작은 뼈와 뼈 주위에 있는 600개가 넘는 근육, 그리고 수많은 장기들이 유기적으로 결합되면서 이뤄지는 것이다. 키란 이 모든 것의 조합에 의해 나타난 외형이다. 따라서 유전을 통해 결정되는 키는 다르게 말하자면 이런 조합의 대체적인 평균값이라고 할 수 있다. 이 부분은 매우 중요한데 인간의 크기를 이야기하는 키는 몸 안의 조화로움 속에서 형성되기에 이 조화로움의 결과에 따라 더 크거나 작아질 수 있기 때문이다. 특정한 자극이 들어가면 그 평균치를 상회하는 결과를 얻을 수 있다는 말이다.

이러한 두 가지 요인을 고려한 결과가 우리가 흔히 상식으로 알고 있는 '키에 작용하는 유전적인 요인은 23퍼센트이고 성장과정의 환경적 요인에 의해 더 클 수 있다'라는 사실이다. 즉 부모로부터 물려받은 키 유전자의 영향력은 3분의 1밖에 되지 않는 것이다. 부모의 관심과 영양섭취, 위생환경이 키 성장에 지대한 영향을 미친다는 사실은 세계의 많은 학자들의 연구결과로도 증명되었다. 이는 사회경제적으로 집안이 가난해 영양상태가 좋지 못하거나 불결한 위생환경에서 자란 아이들은 잘 자라지 않는다는 의미이기도 하다.

이러한 결과로 볼 때, 부모의 키가 작아도 나머지 77퍼센트의 성장 요인을 만들어주면 아이는 충분히 더 클 수 있다. 특히 성장호르몬의 분비를 늘려주는 환경을 만들어주면 키는 더더욱 많이 자랄 수 있다.

부모가 작아도 어릴 때부터 관리를 잘해준다면 충분히 중간키까지는 키울 수 있는 것이다. 그렇다면 유전을 제외한, 우리 아이 키 성장에 영향을 미치는 성장요인은 무엇일까? 크게 세 가지로 정리해볼 수 있다.

영양적 요인

키가 자라는 데 있어 영양섭취는 무엇보다 중요하다. 영양소는 에너지 공급원이자 몸을 만드는 재료이므로 섭취한 양 이상으로 클 수는 없다. 재료가 좋아야 제대로 된 성장이 이루어지는 것이다. 그렇다면 키가 크는 음식에는 어떤 것이 있을까? 일반적인 상식으로 '칼슘이 키를 좌우한다'고 해 우유 섭취만을 고집하는 부모들이 많다. 그러나 키는 칼슘으로만 크는 것이 아니다. 칼슘은 그저 뼈 성장에 도움이 되고 뼈를 단단하게 만드는 영양소일 뿐이다. 흔히 해부학적으로 서양인들은 육식동물, 동양인들은 초식동물에 비유하는데, 그 이유는 서양인들은 육식동물처럼 장의 길이가 짧고 동양인들은 초식동물처럼 장의 길이가 길기 때문이다. 따라서 서양인의 경우 육류나 우유와 같은 유제품을 섭취했을 때 동양인에 비해 소화흡수와 배출이 빨라 성장에 긍정적인 영향을 미치지만 동양인의 경우 육류와 유제품보다는 채소류에서 성장요소를 얻을 확률이 높다. 하지만 우리 어린이들은 야속하게도 채소류보다는 육류와 인스턴트 식품, 패스트푸드만 좋아하는 경우가 많다. 따라서 부모라면 아이들의 성장에 꼭 필요한 영양소를 어떤 식으로 섭취하게 할지에 대한 고민이 필요하다.

운동적 요인

키가 크기로 유명한 네덜란드, 독일 등의 서유럽 국가에는 철칙이 있다. 어린이는 무조건 뛰어놀아야 한다는 것이다. 키를 구성하는 중요한 요인 중 하나가 하체근육이다. 하체근육은 주로 걷거나 뛰거나 점프할 때 발달하게 된다. 농구선수나 배구선수가 키가 큰 이유도 바로 그런 운동을 어려서부터 해왔기 때문이다. 그런데 우리나라 어린이들의 생활을 살펴보자. 아침 일찍 학교에 갔다가 수업이 끝나면 두세 군데 학원에 다니고 지친 몸으로 집에 와서는 컴퓨터 게임에 몰두하는 것으로 끝난다. 우리나라 어린이나 학생들은 체육을 전공하지 않고서는 운동할 시간이 거의 없다. 이런 환경에서 아이의 키가 크기를 바라는 것은 씨앗을 심지도 않고 싹이 나기를 바라는 심보라고밖에 할 수 없다.

환경적 요인

환경적 요인이란 여러 가지를 뜻하는데 주거환경이 될 수도 있고 스트레스가 될 수도 있고 수면이 될 수도 있다. 우리나라 주거환경을 살펴보면 대부분이 빌라나 아파트 같은 공동주택을 선호한다. 그러다 보니 늘 마당에서 뛰어노는 외국 어린이보다 성장에 불리한 환경을 가질 수밖에 없다. 게다가 초등학교 때부터 각종 시험과 경쟁 속에서 자라는 우리나라 어린이들의 스트레스는 단연 전 세계 최고라고 해도 과언이 아니다. 성장은 수면 중에 90퍼센트 이상이 이루어진다. 중학교에 올라가면서부터 4시간 자면 대학에 합격하고 5시간 자면 떨어진다는 '4당5락'이라는 말을 귀에 딱지가 앉게 들어야 하는 우리나라 학생들의 수면이 얼마나 부족한지는 더 이상 설명할 필요가 없을 것 같다. 최근 키 크는 약들이 성행하고 있지만 약은 키 성장에 영향을 미치는 여러 요소 중 하나인 '영양'에 조금 도움을 주는 것일 뿐, 작은 아이를 큰 아이로 만드는 마법의 재료는 아니다. 대부분의 성장제는 칼슘제에 불과해, 우유를 마시는 것과 별반 차이가 없다.

성장호르몬과 성장판, 성장판 검사에 대해 알아봐요

● **성장호르몬**

뇌하수체 전엽에서 가장 많이 분비되는 호르몬으로 단백질을 재료로 만들어진다. 성장호르몬은 체내에서 뼈, 연골의 성장뿐 아니라 지방 분해와 단백질 합성을 촉진해 조직과 근육이 커지게 함으로써 전체적인 신체 성장을 이끈다. 성장호르몬이라 해서 성장기에만 반짝 분비되는 것으로 생각하기 쉬운데 사실은 그렇지 않다. 물론 사춘기를 정점으로 점차 감소하지만 우리 몸에서 지속적으로 생성되어 노화를 방지하는 등 성장 외에 우리 몸을 건강하게 유지해주는 역할도 한다. 성장기에는 성장에 결정적인 영향을 주고 나이가 들면 노화를 지연시켜주는 고마운 호르몬인 셈이다.

몸이 아프고 질병이 있는 경우 자연복구하려는 에너지원도 역시 성장호르몬이 하는 일이다. 따라서 잔병치레가 잦다면 성장호르몬은 키 크는 데 사용되기보다 몸을 회복하는 데 사용되기 때문에 아픈 기간 동안은 키가 덜 자라게 될 수 있다. 키 크는 확실한 비결은 성장호르몬이 잘 분비되도록 하고, 이것이 키를 키우는 데 잘 사용될 수 있도록 몸을 건강하게 만드는 것이다.

성장에 관여하는 또 다른 호르몬들

- 인슐린: 양성장 인자(IGF-1) 성장호르몬이 대사되어 만들어진 물질로 뼈의 성장판에서 연골세포를 증식시키고 모든 세포의 분열과 성장을 돕는다.
- 갑상선: 호르몬이 직접 성장판의 연골세포를 증식시켜 뼈가 자라게 한다. 또 뇌에서 성장호르몬의 합성과 분비를 촉진하고 성장호르몬이 잘 작용하도록 돕는다.
- 성호르몬: 뇌에서 성장호르몬이 더 많이 분비되도록 돕고 성장판에서 연골 세포의 성장을 자극하는 역할을 한다. 그러나 지나치게 많이 분비되면 성장판의 세포 분열과 성숙을 급속도로 진행시켜 성장판을 일찍 닫히게 만든다.
- 비타민 D: 연골세포 증식을 돕는다.

● 성장판

팔다리뼈에서 길이 성장이 일어나는 부분을 말한다. 대개 뼈의 양쪽 끝에 있으며, 뼈와 뼈 사이에 연골판이 끼어 있는 형태로 되어 있다. 태아 때에 팔다리뼈는 모두 연골로 되어 있고, 태아가 성장하면서 연골의 한가운데 부분이 뼈로 바뀌면서 양쪽 끝으로 점차 퍼져나가게 된다. 이렇게 뼈의 가운데와 양쪽 끝에서 연골이 뼈로 점차 바뀌고 그 사이에 남은 연골 부분이 성장판이 된다. 그러다가 사춘기쯤 되면 성장판도 모두 뼈로 바뀌게 되면서 길이 성장이 끝나게 되는 것이다. 성장판은 우리 몸의 뼈 양쪽 끝에 분포되어 있다.

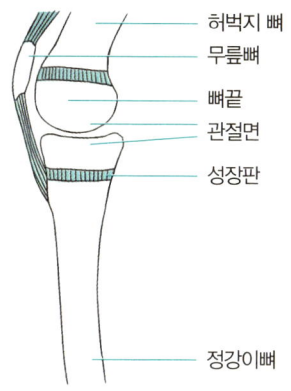

성장을 하는 원동력은 바로 성장판에 위치한 연골세포들의 활발한 세포 분열에 있다. 연골세포의 세포 분열에 가장 많은 영향을 미치는 인자는 각 개인에게 이미 결정된 유전적 소인이고, 그 외에 각종 영양분과 호르몬 등의 공급, 기계적으로 성장판에 주어지는 적당한 자극이 영향을 끼친다. 따라서 각 개인이 키가 크는 데는 유전적 요인 외에는 적당한 영양 공급, 적절한 발육을 통한 호르몬 분비, 적절한 운동 이 세 가지 요소가 중요하다고 할 수 있다.

성장판은 태생기부터 작동하며 성장이 멈추는 시기, 즉 성장판이 부위마다 닫히는 시기가 제각각이다. 남자는 12~14세, 여자는 10~12세까지 급격히 활동하고 서서히 활동이 줄어들다가 남자는 17~18세에, 여자는 15~16세에 그 활동이 종료되어 닫혀버린다. 그러나 개인적인 차이가 약간 있을 수 있으며, 특정한 병적인 상태에서는 보다 빨리 또는 늦게 닫히는 경우도 있다. 성장판이 닫혀 있으면 키가 다 컸다고 봐야 하며, 성장판의 개폐 여부는 대개의 경우 뼈나이로 판단하게 된다.

● **뼈나이 검사(성장판 검사)**

흔히 성장판이 닫혔는지 열렸는지는 골연령, 즉 뼈나이 검사를 통해 이루어진다. 뼈나이를 측정해 잔여성장을 확인하는 것이다. 흔히 무릎이나 손목이나 손가락 마디의 뼈를 엑스선(X-RAY)으로 찍어 점수를 매기는 방법을 사용하는데, 크게 네 가지로 구분할 수 있다. 각 방법에 장단점이 있으므로 전문의와 상의해 적절히 선택하면 된다. 정상적인 검사 결과라면 뼈나이와 본인의 실제 나이가 비슷하다. 반면 늦게 성장하는 아이는 뼈나이가 실제의 나이보다 어리다. 사춘기가 실제 나이보다 빨리 온 아이는 뼈나이가 실제 나이보다 더 많다. 뼈나이를 검사하는 것이 중요한 이유는 조기성숙 등으로 성장장애가 이루어질 가능성을 미리 알아내고 이에 대한 대비를 할 수 있기 때문이다.

예를 들어 부모에게서 타고난 예상키와 생년월일이 똑같은 만 9살 된 영희와 유진이라는 여자아이가 있다고 가정해보자. 이때 영희의 뼈나이가 9살, 유진이의 뼈나이가 11살이라면(키는 유진이가 영희보다 3센티미터 더 크다고 가정) 겉으로 보기에는 유진이가 영희보다 더 잘 자라고 있는 것 같지만 실제 성장은 그렇지 않을 수 있는 것이다.

즉 유진이는 뼈나이가 자신의 실제 나이보다 두 살 앞서 나가기 때문에 조기성숙을 보일 가능성이 커서 유선의 발육이 시작되거나 음모가 나기 시작할 수 있다. 사춘기 급성장이 진행되면 당장은 더 커 보이지만 결국은 초경도 빨리 오게 되고 성장도 빨리 멈추게 되어 결과적으로 최종 키는 영희보다 작을 가능성이 높다. 따라서 저신장이 의심되는 경우는 물론, 또래보다 성장이 빠른 아이들 또한 성장판 검사를 통해서 뼈나이를 알아보고 전문가의 진단을 받아볼 필요가 있다.

- 그룰리히-파일 방법(greulich-Pyle atlas, 1959)

손목 주변의 뼈들이 성숙한 정도에 기반한 방법이다. 사춘기에는 손 부위의 뼈에 큰 변화가 없기 때문에 효용성이 적다.

- 소베그레인 방법(Sauvegrain, 1962)

팔꿈치관절 전후면 및 측면을 방사선 검사로 측정하는 방법이다. 사춘기에 유용하다.

- 리서 방법(Risser, 1958)

골반의 윗부분 뼈가 성숙한 정도로 측정한다. 사춘기의 3분의 2가 지난 후부터 성장이 끝날 때까지의 기간에만 적용할 수 있어 효용이 제한된다.

- 옥스포드(Oxford) 골반 골연령(Acheson, 1957)

엉덩이관절 질환에서 골반부의 골연령을 측정하는 데 유용하다.

학업 스트레스를 방치하면 키가 안 커요

얼마 전 필자가 운영하는 병원에 온 초등학교 4학년 지원이는 당시 키 130센티미터에 몸무게 27킬로그램으로 또래에 비해 매우 작고 왜소한 체격이었다. 이에 지원이의 어머니는 엄마 아빠는 키가 큰데 애는 왜 이렇게 작은지 모르겠다며 많이 속상해했다.

하지만 지원이를 진단해본 결과, 문제는 살인적인 아이의 하루 스케줄에 있었다. 학교수업이 끝나자마자 과외활동으로 다니는 학원이 일주일에 무려 11개였다. 국어, 영어, 수학, 웅변, 피아노, 미술, 서예 등 어머니조차 헷갈려 할 정도였으니 아이가 버거워하는 것은 당연한 일이었다.

이것이 비단 지원이만의 이야기일까? 사실 작은 키로 내원하는 아이들을 상담해보면, 잘 먹고 잘 자고 잘 놀아야 할 학창시절에 너무 많은 학업 스트레스를 받는 것으로 보인다. 실제로 2010년 통계청 자료에 따르면 청소년의 사망 원인 중 자살이 차지하는 비율이 28.2퍼센트였는데, 이 중 53.4퍼센트가 성적 및 진학 문제가 원인인 것으로 나타났다.

사실 아이 성장에서 가장 중요한 기능적인 부분은 성장판이다. 성장판은 손가락, 발가락, 손목, 발목, 팔꿈치, 발꿈치, 어깨, 무릎, 대퇴골 등 뼈의 끝부분과 척추에 자리한다. 구체적으로 말하자면 뼈의 끝부분에서 연골이 자라는 부분을 말하는데, 이 연골이 자라면서 딱딱하게 굳어져 이를 통해 뼈가 성장하고 키가 크는 것이다.

키가 크기 위해서는 많은 성장판 중에서도 다리 쪽의 성장판과 척추 쪽의 성장판이 중요하다. 인간의 키를 머리끝에서 발뒤꿈치까지의 길이라고 한다면, 머리는 2세 이후에는 길이 성장이 거의 없지만 다리 쪽의 성장판과 척추 쪽의 성장판은 왕성하게 활동한다. 이 성장판이 계속 작용하도록 돕는 것이 성장호르몬이다. 성장호르몬의 역할은 이외에도 장기와 기관 등 인체 전반의 성장을 돕는 역할을 하는데, 숙면을 취할 때 많이 분비된다.

그런데 문제는 지원이의 경우처럼 잘 놀고 잘 자야 할 시기에 학업 스트레스를 받을 때 생긴다. 스트레스를 받으면 맥박이 빨라지면서 혈압이 상승하고 음식물의 소화와 흡수에 장애가 생기며, 자율신경계에도 영향을 미쳐 우울증을 유발하고 성장호르몬 분비도 방해해 키 성장에 치명적인 악영향을 주게 된다.

그러므로 지원이처럼 학업 스트레스가 많은 경우, 일단 마음껏 뛰어놀게 해 마음을 안정시켜야 한다. 하지만 부모 입장에서는 마냥 그렇게 할 수만은 없는 노릇이다. 특히 학교에서 시험이라도 쳐야 할 때가 되면 더더욱 좌불안석이 되고 만다. 아이에게 공부를 시키자니 키 성장을 방해할 것 같고 그렇다고 잠을 재우자니 다른 아이들보다 학습량이 적어질까 걱정이기 때문이다. 그렇다면 학업 스트레스를 줄이면서 학교생활 역시 뒤떨어지지 않게 하는 방법에는 어떤 것이 있을까?

쪼개서 자는 잠은 금물, 숙면을 취하게 도움을 주자

키는 잘 때 큰다. 때문에 숙면은 키 성장에 있어서 가장 중요한 요소다. 숙면과 키 성장을 위해서는 멜라토닌이 많이 필요한데, 학업 스트레스는 멜라토닌의 분비를 막는다. 게다가 멜라토닌의 수치가 떨어지면 성장을 방해하는 성호르몬의 수치가 높아진다. 키 성장이 더딘 아이들에게 가장 먼저 숙면을 권하는 것도 이 때문이다.

새벽까지 공부하느라 잠을 충분히 못 잔 아이들이 학교 쉬는 시간에 엎드려 쪽잠을 자는 것은 키 성장에 좋지 않다. 성장호르몬은 숙면 중에 분비되는데, 이렇게 잠을 나눠 자면 숙면에 드는 시간이 짧아지기 때문이다. 키 성장에 필요하다는 8시간 수면시간은 한 번에 길게 자는 것을 의미한다. 때문에 낮에 책상에 엎드려 쪼개서 자기보다는 밤잠으로 몰아서 푹 자는 것이 도움이 된다는 것을 유념해야 한다.

빠른 시간에 숙면을 취할 수 있도록 돕는 방법은 양말을 신고 자는 것이다. 하지만 양말을 신고는 답답해서 못 자는 아이도 있다. 그럴 경우에는 아이가 인기척에도 잠을 깨지 않을 시간, 즉 잠들고 약 1시간 후에 양말을 신겨주면 된다. 잘 때 발을 따뜻하게 유지시켜주면 몸의 온도가 높아져 더 빨리, 더 깊게 잘 수 있다.

멜라토닌 호르몬을 증가시켜주는 음식을 꾸준히 섭취하자

앞서 말했듯이 키 성장을 위해서는 멜라토닌이 많이 필요한데, 스트레스는 멜라토닌의 분비를 막는다. 따라서 스트레스를 줄이려면 멜라토닌 호르몬을 증가시켜주는 성분이 포함된 식품을 섭취하는 것이 중요하다. 그런 식품으로는 바나나와 토마토, 토란 등이 있다. 하지만 한꺼번에 많이 먹는다고 효과가 좋은 것은 아니다. 운동과 마찬가지로 '꾸준함'이 가장 중요하다. 한의학적 처방으로는 '산조인'을 권한다. 산조인은 불면증을 치료하고 숙면을 유도하는 대표적인 약재로, 특히 신경이 예민해 가슴이 뛰고 꿈이 많고 잘 깨며 머리와 눈이 어지러운 증상에 효과적이다. 따라서 학업 스트레스 때문에 성장호르몬과 성호르몬에 영향을 받는 아이들에게 차처럼 꾸준히 달여 마시게 하면 좋다.

학교 체육시간만이라도 운동을 하자

스트레스는 애초에 받지 않는 것이 중요하지만 우리나라 아이들이 학업 스트레스를 벗어나는 일은 거의 불가능해 보인다. 어차피 받아야 하는 스트레스라면 즉각 해소하게 만들어주면 된다. 스트레스 해소에는 운동이 제격이지만, 평소 운동할 시간이 부족하다면 최소한 학교 체육시간만이라도 적극 활용하라고 권하고 싶다. 간혹 아프다는 핑계를 대고 체육시간에 교실에서 공부하는 학생들이 있는데 이는 키 성장뿐만 아니라 학습능력에도 도움이 안 되는 아주 미련한 행동이다. 규칙적인 운동이 학습능력 향상에 도움이 된다는 것은 이미 다양한 연구결과로 입증되었다. 특히 하체운동은 스트레스를 해소해주는 한편, 성장판도 자극시키기 때문에 키 크는 데 안성맞춤이므로 생활 속에서 가능한 한 할 수 있는 운동을 찾아서 하는 것이 좋다.

작은 질병 하나가
성장장애를 일으킨다

얼마 전 키와 질환과의 상관관계에 대한 논문이 발표된 적이 있는데, 그 결과가 놀라웠다. 우리나라 어린이 200명 중 51퍼센트에 해당하는 102명이 저신장 어린이로, 평균신장보다 10~15센티미터 정도 작았다. 그런데 이 저신장 어린이 중 15퍼센트가 감기에 자주 걸렸고 11.5퍼센트가 아토피성 피부염으로 고생하고 있었다. 이처럼 질병이 있으면 성장호르몬이 억제되어 성장은 고장 난 시계처럼 멈춰버린다.

우리 아이들은 알게 모르게 성장에 좋지 않은 환경에 노출되어 있다. 패스트푸드나 인스턴트 식품이 넘쳐나 양질의 영양섭취가 어렵고 과도한 학습과 컴퓨터 사용으로 운동량이 부족해 근골격을 키우고 성장판을 자극하는 데 방해를 받고 있다. 지금처럼 책상에 하루 종일 앉아 공부를 하거나 컴퓨터를 하다 보면 거북이처럼 목이 길어지고 척추가 삐뚤어지면서 척추의 성장판이 제기능을 다하지 못할 수도 있다. 아울러 이런 요인들로 말미암은 수면 부족은 성장호르몬 분비에 지장을 초래하기도 한다.

일반적으로 나이가 같은 어린이들을 남녀 따로 100명씩 작은 순서대로 세웠을 때 세 번째 안에 들면 '저신장'이라고 정의하며, 1년에 4센티미터 이상 자라지 않거나 성장판의 뼈나이가 2살 어린 경우를 두고 '성장장애'로 본다. 키가 작은 이유에는 유전적인 요인도 일부 있지만 정도가 지나치다면 질환 때문일 수도 있기 때문에, 아이의 키가 작거나 성장속도가 1년에 4센티미터 미만이라면 전문가를 찾아 상담을 해보는 것이 좋다. 앞에서 살펴보았듯이 3세가 지난 사춘기 이전의 어린이는 1년에 5~6센티미터 정도 자라는 게 정상이다.

그렇다면 우리 아이의 성장을 방해하는 질병에는 무엇이 있을까? 무심코 넘긴 작은 질병이 키 성장에 큰 영향을 미칠 수도 있다. 따라서 이에 대해 제대로 알고 꾸준하게 관심을 가지는 것이 바람직할 것이다.

소화기가 허약한 아이

목동에 사는 초등학교 2학년 서준이는 반에서 키가 제일 작았다. 상담을 해본 결과 서준이는 밥 먹는 것을 싫어해 밥만 먹으면 바로 화장실에 달려갔다. 더 어릴 때에는 너무 안 먹어서 뼈가 보일 정도로 상태가 심각했고, 감기와 같은 잔병치레도 많이 했다고 한다. 검사한 결과, 특이한 질환은 없었으나 비위가 약한 전형적인 '소화기 허약증'을 갖고 있었다. 소화기 질환은 한국인이 가장 많이 걸리는 질병 중 하나로 한국인의 26퍼센트가 소화불량이라는 통계가 있다. 식생활이 서구화되고 비만 인구가 늘어나면서 서양에서나 흔히 나타나던 소화기 질환의 발생률이 우리나라에서도 점차 늘어나고 있는 것이다. 하지만 어린이 소화기 질환은 성장을 저해하는 중요한 요인이 될 수 있으므로 각별한 주의가 필요하다.

소화기 장애가 생기면 하품을 자주하고 손발이 차갑고 등이 아프며 아침에 일어났을 때 구취가 심하고 혀에 설태가 많이 낀다. 심해지면 지속적인 복통과 어지러움, 두통 증상이 나타나기도 한다. 이 같은 증상이 지속되면 체력이 떨어지고 성격이 신경질적으로 변하며 성장호르몬이 제 기능을 못하고 면역력이 떨어져 질병에 쉽게 노출된다. 뿐만 아니라 영양가 있는 음식을 아무리 많이 먹어도 소장에서 흡수하지 못한다면 성장에도 나쁜 영향을 미칠 수밖에 없다.

따라서 배가 자주 아프다고 하고 식욕이 부진하고 흡수장애가 있다면 한의사와의 상담을 통해 적절한 치료를 받는 것이 좋다. 이런 경우 소화흡수에 관여하는 오장육부의 기능을 회복시키고 스스로 잘 먹도록 유도하는 부작용 없는 치료를 받아야 한다.

땀을 많이 흘리는 아이

주변을 둘러보면 유독 땀을 많이 흘리는 아이들이 있다. 이를 두고 많은 부모들이 그냥 체질적인 것으로 원인을 돌리거나 방치해두는데, 한의학에서는 인체 보호막의 하나인 위기(衛氣)가 약해진 것으로 보고

'위기허약'이라 부른다.

　아이가 땀을 많이 흘리는 원인은 여러 가지가 있을 수 있으나 가장 흔한 것은 위장이 약해서 잘 못 먹고 입맛을 잃어버린 경우다. 기관지가 약해서 조금만 날씨가 이상해도 기침을 하고 가래 끓는 소리를 내는 아이 역시 땀을 많이 흘리는 것을 볼 수 있다.

　사실 땀과 함께 소실되는 무기질을 음식으로 보충할 수 있다면 땀을 흘리는 것은 아무 문제가 되지 않을 수 있다. 그러나 먹지도 않으면서 땀을 많이 흘릴 경우 성장에 문제가 생길 수 있으므로 주의해야 한다. 땀에는 수분과 염분뿐만 아니라 철, 마그네슘, 지방산 등과 같은 무기질이 다량 포함되어 있다. 따라서 여러 가지 이유로 땀을 너무 많이 흘리면 땀을 통해 몸속에 있는 각종 무기질들이 몸 밖으로 배출되는 결과를 초래해, 건강뿐만 아니라 성장에도 악영향을 끼칠 수 있다. 특히 철이 결핍되면 빈혈이 생기고, 나트륨이 부족해지면 탈수현상 및 근육경련이 발생하며, 마그네슘이 부족하면 신경이 불안정해지면서 근육경련이 일어난다. 이런 이유로 땀을 많이 흘리는 아이는 대부분 식욕을 잃고 피로를 쉽게 느끼며 만사를 귀찮게 여기고 짜증을 잘 내는 경향을 보이며 일반적으로 허약체질인 경우가 많다.

　이런 경우 심각하게 고려할 점은 성장이 느려진다는 것이다. 클 수 있는 시간은 정해져 있는데, 땀을 너무 많이 흘려 건강이 나빠지면 그만큼 키 성장이 지연되거나 심한 경우 작은 키로 머무를 수 있기 때문이다. 따라서 성장기의 아이들이 땀을 너무 많이 흘리는 증상이 보이면 반드시 적절한 치료를 받는 것이 좋다.

아토피 때문에 고생하는 아이

끝없이 가려움을 호소하며 피딱지가 앉도록 긁는 아이를 보면 안쓰럽기 그지없다. 아토피 증상은 여름철이나 겨울철에 더 심해지곤 한다. 아토피를 앓는 아이들은 대부분 기관지가 약하며 편도선이 잘 붓고 땀이 많이 난다. 문제는 아토피를 앓는 아이들이 상대적으로 성장이 더디다는 것이다. 이는 아토피를 앓다 보면 기관지염, 다한증, 식욕부진, 소화불량, 수면장애, 알레르기 비염 등이 동반되는 경우가 많기 때문으로 보인다. 이러한 모든 증상들은 아토피성 피부염의 증후군으로 볼 수 있다.

아토피는 꾸준한 관리와 치료를 필요로 하기 때문에 아토피를 앓는 아이가 있는 가정에서는 평소 생활습관에 주의를 기울일 필요가 있다. 피하조직 검사로 항원을 조사해보면 담배가 아토피 유발물질이라는 것을 알 수 있기 때문에 집에서는 반드시 금연을 해야 하며, 피부의 청결을 유지하기 위해 목욕은 매일 하더라도 약용 비누는 조심하는 게 좋다. 약용 비누는 약재의 자극이 너무 강하기 때문에 도리어 아토피를 유발시키기 쉽기 때문이다. 또 목욕 타월 등으로 힘주어 피부를 자극해서는 안 되며, 비눗방울을 따라 유실되는 피지는 반드시 베이비오일을 발라 보충시켜줘야 한다.

동물섬유로 만든 옷이나 침구는 모두 좋지 않다. 긴 털섬유는 현미경으로 보면 마치 바늘처럼 뾰족하고 예리하다. 이는 살갗을 자극해 피부 과민성을 높이며 몸 안으로 흡입될 경우 알레르기 반응이 나타날 수 있다. 따라서 아토피 환자에게는 면제품으로 된 옷이나 침구를 마련해주도록 한다. 정리하면 아토피 치료를 위해서는 평소 생활습관에 주의를 기울이고 원인을 찾아 꾸준히 치료와 관리를 받는 것이 가장 좋은 방법이다.

잔병치레가 심한 아이

성장기의 많은 아이들이 감기, 편도선염, 후두염, 중이염, 폐렴, 기관지염, 만성 비염, 축농증, 장염 등의 질병을 달고 산다. 먼저 포름알데히드와 새집증후군으로 대표되는 환경물질이 사람들 주변을 떠나지 않는 환경의 영향이 있다. 그리고 외풍 없이 꽉 막혀 순환되지 않는 아파트 안에서 계속 지내면서 면역력이 떨어진 아이들은 이런 질환을 달고 살 수밖에 없다.

문제는 이런 질환을 달고 사는 아이들은 키 성장에 지장을 받을 수밖에 없다는 점이다. 이런 질환들은 성장을 위해 써야 할 인체의 에너지를 병을 이기는 데 쓰게 만들고, 수면을 방해해 성장호르몬의 분비에 나쁜 영향을 미치기 때문에 키가 자랄 여력이 없어진다. 따라서 아이의 키가 작다고 해서 성장판 검사를 하고 성장호르몬 치료에만 급급할 것이 아니라 아이가 자주 앓는 질환은 없는지 점검해보고 이를 조기에 치료하는 것이 필요하다.

특히 감기는 열이 나면서 인체의 에너지를 소모하고, 소화기능도 떨어져 지속적인 영양 공급을 저해함으로써 신체의 불균형 상태를 초래한다. 또 감기만으로 항생제 처방을 계속 받으면 면역력까지도 약해지기 때문에 기혈을 북돋우는 방향으로 처방해야 한다.

잔병치레가 많은 이유는 아이의 현재 몸 상태가 허약하기 때문이라서 대부분의 한의원에서는 감기 치료 후 소위 말하는 보약을 권한다. 이는 약을 팔기 위한 장삿속이 아니라 아이의 몸을 보함으로 잔병치레의 지속적인 고리를 끊기 위해서다. 실제로 이런 연결 고리를 끊어 잔병치레가 없어지자 몸이 좋아지면서 키가 크기 시작하는 사례도 많이 볼 수 있다.

또 건강한 상태를 지속하기 위해서는 환경적인 요인 역시 점검이 필요하다. 특히 감기가 많이 걸리는 겨울과 의외로 환자가 많이 생기는 여름의 경우를 보면 실내의 따뜻한 기온과 에어컨 바람이 원인인 경우가 많다. 겨울에는 실내의 온도를 유지하기 위해 환기를 잘 시키지 않고, 여름도 마찬가지로 에어컨을 켜는 경우 온도를 유지하기 위해 환기시키기를 꺼려한다. 그러다 보니 공기가 정체되고 건조해져 습도를 유지하기 위해 가습기까지 동원하게 된다. 이런 환경은 호흡기에 그다지 좋은 상황이 아니다.

가장 손쉬운 타개책은 환기다. 적어도 두 시간에 한 번은 환기를 시키도록 하고, 그것도 쉽지 않다면 아침, 점심, 저녁 세 번은 거주하는 곳의 창문을 다 열고 환기를 해주면 집안의 공기가 순환되어 호흡기에 도움이 된다. 겨울의 경우에도 춥더라도 잠시 환기를 시킨 가정이 오히려 환기를 시키지 않고 열을 잘 보존한 가정보다 아이들의 잔병치레가 적다는 보고도 있다.

기타 성장이 더딘 아이들의 유형들

이밖에 성장호르몬이 억제될 수 있는 질병으로 의심되는 아이의 유형을 살펴보면, 늦게까지 오줌을 싸거나 소변을 자주 보는 아이, 다른 아이에 비해 말이나 걸음이 늦은 아이, 코골이나 코막힘이 심한 아이, 스트레스를 많이 받는 아이, 소심하거나 예민한 아이 등을 들 수 있다.

늦게까지 오줌을 싸거나 소변을 자주 보는 아이, 일명 '오줌싸개'는 사실 일반적으로는 질환으로 생각하지 않는다. 성장기 아이들은 대개 자다가 한두 번쯤 오줌을 지리기 마련이라고 여긴다. 하지만 잠을 자다 너무 자주 오줌을 지린다면 한번쯤 한의원을 방문할 필요가 있다. 신장에 문제가 있으면 이런 일이 발생할 수 있기 때문이다. 특히 신장의 기능이 약해지면 호르몬 분비에 문제가 생겨 성장호르몬이 정상적으로 나오지 않을 수도 있다. 그 상태를 방치하면 키뿐만 아니라 다른 부분의 성장에도 나쁜 영향을 미칠 수 있으므로 주의 깊게 살펴봐야 한다. 오줌을 지리는 아이들은 대개 코가 짧으면서 콧구멍이 밖에서 들여다보이는 경우가 많은데, 이런 아이들은 근본적으로 체질이 약하다. 따라서 기력을 보하고 면역력을 높이는 한약을 체질에 맞게 처방받는 게 좋다.

다른 아이에 비해 말이나 걸음이 느린 아이는 대체로 겁이 많고 태열도 심하다. 또한 변비로 고통을 받기도 한다. 따라서 신장 기능을 보하는 한약을 체질에 맞게 처방받는 게 좋다.

스트레스를 많이 받거나 예민한 아이들 또한 관심을 가지고 지켜봐야 한다. 성장기 아이들에게 스트레스는 키 성장을 방해하는 중요한 요인 중 하나다. 스트레스를 받으면 불안, 초조, 긴장 상태가 지속되어 잠을 푹 자지 못하고, 이 때문에 키가 잘 크지 않는다. 일반적으로 성장호르몬은 밤 10시에서 새벽 2시 사이에 가장 왕성하게 분비되는데 잠을 깊게 자지 못할 경우 뇌하수체에서 분비되는 성장호르몬의 양이 줄어든다. 또한 아이가 스트레스를 많이 받고 예민하면 편식을 하기 쉽다. 아이가 이렇게 고른 영양소를 섭취하지 못하면 성장 에너지원을 충분히 얻지 못해 성장에 지장을 받는다. 게다가 스트레스가 심하면 '코티졸'이라는 스트레스호르몬이 분비되는데 이 호르몬은 성장호르몬의 분비를 억제한다고 알려져 있으므로, 평소 스트레스를 받더라도 바로 해소하도록 해야 한다.

성장기 아이들의 스트레스는 크게 세 가지로 나타난다. 하나는 부모, 다른 하나는 친구관계, 나머지 하나는 앞에서 설명했던 학업 스트레스다. 이 중에서 의외로 가장 큰 스트레스는 부모다. 특히 부모간의 불화는 아이를 심리적으로 위축되게 만들고 불안감을 높이기 때문에 이를 방어하기 위해 몸 안의 기능들이 원활히 작동하지 않는다. 부모의 과도한 관심과 강요 또는 무관심 역시 스트레스를 유발하는 요인이므로 아이들의 성장 과정에 따라 부모는 사랑과 관심의 범위를 조절하는 지혜가 필요하다. 이런 지혜는 아이의 심리적인 안정을 가져오고, 심리적인 안정은 중추신경계를 안정시켜 정상적인 성장호르몬의 분비 등 몸의 모든 흐름을 원활하게 만든다.

Q&A로 풀어보는 성장장애

Q 성장장애의 기준은 무엇인가요?

A 생일이 같은 아이들 100명을 키 순서대로 세웠을 때 가장 작은 순으로 3번째까지의 아이들이 성장장애에 속합니다. 사춘기 이전까지는 평균적으로 1년에 5~6센티미터 자라는 것이 일반적인데 4센티미터 이하로 자랄 경우, 혹은 뼈나이가 2살 이상 적을 경우, 성장호르몬의 부족 등을 기준으로 꼽을 수 있습니다.

Q 키는 유전인가요?

A 예전 교과서에는 80퍼센트 이상이 유전이라고 했지만 요즘에는 유전적 영향은 대략 23퍼센트이고 나머지는 영양상태(30퍼센트), 성장치료(20퍼센트), 질환관리(15퍼센트), 운동습관(12퍼센트)에 의해 키 성장이 결정된다고 봅니다. 즉 70~80퍼센트 정도를 외부적 요인으로 볼 수 있습니다.

Q 키가 안 크는 아이들의 특징은 무엇인가요?

A 키가 안 크는 가장 큰 원인은 잘 안 먹는 것입니다. 위와 장이 약하면 잘

안 먹을 수 있지요. 이밖에 감기를 달고 살거나 땀이 많이 나는 아이, 숙면을 취하지 못하거나 신경이 예민한 아이, 또는 아토피나 장염, 비염, 신장염 등의 만성 질환을 앓고 있는 아이도 키가 잘 안 클 수 있습니다.

Q 성장치료는 한방으로도 가능한가요?
A 성장호르몬은 정상인이면 누구나 다 분비가 되지만 유전적 영향에 따라 정도에 차이가 있습니다. 한방 성장치료의 핵심은 성장호르몬의 분비가 잘 되도록 돕는 것인데, 한약 중에 가시오가피, 속단, 모과, 두충 등을 주로 이용합니다. 즉 한방 성장치료는 키가 안 크는 원인에 따라 원인을 제거하는 치료를 하면서 동시에 약재를 이용해 성장호르몬의 분비를 촉진시키는 처방으로 맞춤치료를 하는 것입니다.

키 성장의 빨간불!
성조숙증

어느 날 한 어머님이 키가 크고 덩치가 큰 초등학교 3학년 딸을 데리고 오셨다. 감기에 걸려 몇 달째 고생을 하고 있다며 한약을 지으러 온 것이었지만, 얼핏 봤을 때는 아이의 체중과 성장속도에 더 큰 문제가 있어 보였다. 다른 아이에 비해 10주나 일찍 태어난 미숙아였다는데 최근 키가 급성장을 해서 현재는 반에서 가장 큰 키인 148센티미터라는 것이었다.

어머니는 미숙아에게 성조숙증이 잘 오고 그 때문에 성장판이 일찍 닫혀서 성장이 조기에 멈춘다는 사실을 잘 알고 있었다. 그래서 병원 방문을 고려하고 있었다고도 했다. 감기 치료를 마치고 아이를 대상으로 성장판과 뼈나이, 그리고 성조숙증에 대한 검진을 했다.

검사결과 다행히도 아이는 비만으로 인해 사춘기가 일찍 오긴 했지만, 뼈나이 발달이 비교적 더디어 최종 키가 정상의 범주에 들어간다는 결론이 나왔다. 성장에 대한 막연한 불안감을 가지고 있었지만 선뜻 진료를 받으러 오지 못했던 아이의 어머니는 가벼운 마음으로 집으로 돌아갔다.

자녀의 성장과정에 있어 성장 방해 질환으로 눈여겨봐야 할 현상 가운데 하나가 바로 '성조숙증'이다. 성조숙증은 또래 아이들보다 2차 성징이 빨리 나타나 평균보다 이른 시기에 사춘기가 찾아오는 것이다. 예를 들어 만 2~3살 무렵에 유선이 발달하고 만 8세에 초경을 시작하는 여자아이, 만 9살 이전에 고환이 발달하고 음모가 자라며 성인의 몸을 갖춘 남자아이 등이 전형적인 성조숙증에 해당한다.

건강보험심사평가원에서 2006년부터 2010년까지 성조숙증에 대한 심사결정 자료를 분석한 결과에 따르면 최근 5년간 성조숙증으로 진료를 받은 아이는 2006년 6400명에서 2010년 2만 8000명으로 약 4.4배 증가(연 평균 44.9퍼센트)하였으며 총 진료비는 2006년 23억 원에서 2010년 179억 원으로 7.8배(연 평균 67.7퍼센트) 증가한 것으로 나타났다.

초기 성조숙증을 겪는 아이들은 급성장기가 일찍 찾아오기 때문에 또래보다 키가 잘 크고 있다고 오해하기 쉽다. 때문에 부모의 입장에서는 내 아이의 성장 상태가 좋다고 착각을 하게 되며 오히려 잘 자라는 모습에 기뻐하게 된다. 그러나 성조숙증의 문제는 조기 골단융합으로 성장판이 일찍 닫혀버린다는 데 있다. 성장판이 일찍 닫히면 정상적인 경우에 비해 성장이 조기에 종료되기 때문에, 더 자랄 수 있음에도 최종적인 키에서 손해를 보게 되는 것이다.

실제로 한 조사에 따르면 사춘기가 1년 빨리 찾아오면 최종 키가 5센티미터 정도 작아진다고 한다. 일반적으로 성조숙증을 겪는 아이들의 사춘기 징후가 평균보다 1~2년 정도 앞선다는 점을 감안하면 성조숙증 아이는 최대 7~10센티미터 정도 키가 덜 자라는 셈이다. 성조숙증의 문제는 이뿐만이 아니다. 여자아이의 경우 성조숙증에 걸리면 조기 폐경의 위험이 높아지는데 이는 불임으로 이어질 수 있으므로 각별한 주의가 필요하다. 또한 정신연령에 비해 성숙한 몸을 가진 아이들은 심한 정서적 혼란을 겪을 수 있으므로 평소 아이의 신체적 변화나 성장에 보다 세심한 관심을 기울여야 한다.

통상적으로 여자아이는 만 10세에 사춘기가 시작되어 초등학교 6학년을 전후해 초경을 하게 되며 15~16세 무렵에 성장판이 닫힌다. 남자아이는 평균 만 11.5~12세 사이에 사춘기를 시작하고 외음경과 음모로 이를 판단할 수 있으며, 17~18세에 성장판이 닫힌다. 그러므로 이보다 사춘기가 빨라지면 성장판도 빨리 닫히게 되므로 각별히 주의해야 한다. 성조숙증인데도 별다른 치료를 하지 않을 경우 여자아이는 150센티미터, 남자아이는 160센티미터 안팎의 저신장이 될 가능성이 높다는 점을 명심해야 할 것이다.

성조숙증의 원인

성조숙증은 뇌의 종양이나 성호르몬 분비기관의 질환으로 인한 '병적인 성조숙증'과 특별한 이유 없이 발생하는 '특발성 성조숙증'으로 나눈다. 그중 최근 급증하고 있는 특발성 성조숙증은 과학기술의 발달, 생활습관과 환경오염, 식습관 등과 연관이 깊은 것으로 알려져 있다.

첫째, 서구화된 식습관으로 콜레스테롤의 섭취가 늘어나면서 어릴 때부터 소아비만으로 고생하는 아이들에게 성조숙증이 발생할 확률이 높다. 비만은 과학의 발달로 편리해진 삶을 살게 되면서 운동량이 부족해졌기 때문으로도 볼 수 있다.

둘째, TV나 인터넷 등 각종 매체를 통해 무분별하게 노출되는 성적 자극에 의해 성에 대한 각성이 빨라지며 성호르몬 분비에 영향을 미치는 것도 이유로 알려져 있다.

셋째, 플라스틱 제품의 사용 증가, 공장이나 자동차 매연의 증가 등 다양한 환경호르몬이 성호르몬 분비에 영향을 주기 때문인 것으로도 알려져 있다. 환경호르몬이란 무분별한 산업활동으로 말미암아 생성된 화학물질을 일컫는다. 대표적인 환경호르몬은 다이옥신, 프탈레이트 비스페놀A 등으로 살충제, 농약, 중금속, 의약품 등을 통해 인체에 유입된다. 이는 생물체에서 정상적으로 생성·분비되는 물질이 아니기 때문에 인체에 흡수되면 내분비계의 기능을 망가뜨리고 과도하게 축적된 경우 생식기능 저하, 기형아 출산, 내분비 호르몬 교란, 암 등을 유발하며 면역력이 약한 아이의 경우 성조숙증을 유발해 문제가 된다.

성조숙증의 증상과 치료

아이의 성조숙증을 파악하기 위해서는 신체적인 증후들을 관찰해야 한다. 여자아이는 만 8세 이전에 가슴에 멍울이 잡히고 살짝만 부딪혀도 아프다고 말한다. 또 음모가 나거나 겨드랑이에 털이 보이며 난소 부위 아랫배가 따갑다고 말한다. 더불어 냉대하와 같은 분비물이 발생하는 등의 증상이 있을 수 있다.

남자아이는 만 9세 이전에 고환이 커지기 시작하면서 색깔이 검게 변하고 음모가 생긴다. 또 몽정을 하고 갑자기 눈에 띄게 키가 자라며 목젖이 나오면서 변성기가 시작된다. 더불어 겨드랑이에 털이 생기는 등의 신체적 증상들이 보이게 된다.

공통 증상으로는 머리 냄새, 겨드랑이 땀 냄새가 나고 성적 호기심이 늘고 혼자 있고 싶어 하며 갑자기 많이 먹거나 반항한다면 의심해볼 만하다. 또 피지가 분비되고 여드름이 보이거나 치아발육이 빠른 것도 공통 증세 중 하나다.

조기성숙을 경험하는 아이들은 초기에 급격한 성장을 보이는 경우가 많아 미처 의심하지 못하고 넘어갈 수 있다. 따라서 성조숙증을 예방하고 아이의 키 성장을 도우려면 평소 아이의 신체적 증후에 대해 유심히 살피고 아이와 자주 대화를 해 몸 상태를 확인하는 것이 바람직하다. 특히 여자아이의 경우 초등학교 3학년 이전에 가슴이 멍울이 생기는 성징이 나타나거나 30킬로그램 이상이 되면 체중 관리에만 신경을 쓰지 말고 신속히 진단을 받아보는 것이 좋다. 검사 결과 뼈나이가 평균보다 2세 앞서거나 예상 최종 키가 150센티미터 이하인 아이는 성조숙증 치료를 시작하는 것이 바람직하다. 최근에는 마른 아이에게도 성조숙증이 증가하고 있어 각별한 주의가 필요하다.

성조숙증을 예방하는 생활습관

성조숙증의 원인 중 가장 큰 비중을 차지하는 것은 비만으로 인한 지방과다. 지방이 많을수록 피하지방에 '렙틴'이라는 물질이 높아지게 되는데, 이 물질이 여성호르몬을 촉진해 사춘기를 빨리 오게 만들기 때문이다. 실제로 비만인 남자아이는 또래의 보통 아이들에 비해 사춘기 시작이 1년 이상 빨라진 것으로 나타났으며, 비만인 여자아이의 37.5퍼센트가 초경을 11세 이전에 한 것으로 조사되었다. 이는 정상 체중의 어린이보다 4배 이상 높은 비율이다. 성조숙증과 비만을 예방하기 위한 생활습관의 중요성이 큰 이유다.

- **식이조절이 중요** 평소 과식이나 폭식, 야식을 즐기는 습관을 고치고 트랜스지방 함량이 높은 패스트푸드나 고열량의 식품 섭취를 줄여야 한다. 또 알류, 조개류, 갑각류, 내장류, 사골국 등 콜레스테롤 함량이 높은 음식은 성조숙증을 부추기는 주범이므로 되도록 삼가야 한다. 특히 콩은 식물성 여성호르몬인 이소플라본이 함유되어 있어 성조숙증이 의심되면 섭취를 줄이는 것이 좋다. 또 라면의 열량과 나트륨은 영양 불균형을 초래할 수 있으며 MSG 섭취가 과다하면 생리작용과 연관된 비타민, 피리독신 결핍이 생길 수 있다. 한편 성조숙증을 예방하고 키 성장을 돕는 음식에는 율무, 단백질이 많은 살코기, 멸치 등 뼈째 먹는 생선, 시금치 등의 채소, 당근, 귤, 저지방 우유, 치즈, 요구르트, 쑥, 강황 등이 있다.

- **하루 30분 이상의 운동은 필수** 하루 30분에서 1시간 동안 무리가 되지 않을 정도로 규칙적인 운동을 하는 것도 비만을 방지하고 성장판을 자극해서 성조숙증을 예방하고 키가 크는 데 도움이 된다. 성장판은 뼈의 말단부에 위치한 물렁한 연골 부위이므로 연골세포가 세포 분열을 왕성하게 할수록 키가 크는 데 유리하다. 따라서 비만을 개선하고 성장판을 자극하려면 걷기, 달리기, 줄넘기, 자전거타기, 축구 등 가벼운 운동을 하루에 30분 이상 지속해주는 것이 좋다.

- **음란 사진 영상 등 성적 자극 최소화** 사춘기 징후가 시작된 아이들은 이성에 대한 관심이 증가하면서 성적 호기심이 증가하는데, 이때 성적 자극에 자주 노출되면 성호르몬 분비가 더욱 왕성해져 성조숙증을 부추길 수 있다. 따라서 TV나 컴퓨터는 거실 같은 공개된 장소에 비치해 인터넷, 비디오 등을 통한 시각 자극을 최대한 피하도록 하고 건전한 놀이로 아이의 여가를 챙기도록 한다. 컴퓨터에 유해 사이트나 성인물 차단 프로그램을 설치하는 것도 한 가지 대안이 될 수 있다.

- **환경호르몬 노출 최소화** 플라스틱 용기를 전자레인지에 데우는 것을 되도록 삼가고 플라스틱 장난감 사용도 줄이는 것이 좋다. 또 표백제나 바닥용 우레탄 깔개 등의 사용도 자제해야 한다.

키 성장에 대한
오해 혹은 진실

 키가 경쟁력이 된 시대, 성장기 자녀를 둔 부모들은 '어떻게 하면 우리 아이의 키를 조금이라도 더 키울 수 있을까'에 대해 고민하고, 아이들도 마찬가지로 큰 키를 가진 어른들을 동경하며 키 성장에 대해 큰 관심을 보이고 있다.
 때문에 키 성장에 대한 속설이 이미 셀 수도 없을 정도로 많아진 것이 사실이다. 상황이 이렇다 보니 키 성장에 대한 여러 가지 속설을 들으며 '진짜'인지 궁금해하는 사람들도 많다. 하지만 급한 마음에 무분별한 정보를 걸러내지 않고 시도하면 오히려 안 하느니만 못한 결과를 초래할 수 있다. 그렇다면 지금까지 살펴본 키 성장에 대한 정보를 바탕으로 키에 대한 속설은 어떤 것이 있으며 그에 대한 진실 혹은 거짓은 무엇인지 알아보도록 하자.

잠을 많이 자야 키가 잘 자란다?

키는 성장호르몬의 절대적인 영향을 받는다. 그러나 성장호르몬은 하루 종일 같은 양이 분비되는 것이 아니고 잠잘 때나 운동할 때 가장 많이 분비된다. 특히 밤 10시에서 새벽 2시까지 가장 많이 분비되므로, 이 시간에 숙면을 취해야 키가 클 수 있다.

우유를 많이 마시면 키가 잘 자란다?

우유에는 칼슘과 단백질 등 키와 직접적인 관련이 있는 영양소들이 많이 들어 있어 뼈 성장에 큰 도움을 주는 것이 사실이다. 하지만 동양인의 경우에는 체질적으로 우유를 잘 소화하지 못하는 사람들이 많다. 때문에 키를 키우려고 무조건 우유를 많이 마시면 오히려 몸속 칼슘이 빠져나가는 역효과를 불러올 수 있다.

자위를 하면 키가 안 자란다?

자위행위를 많이 하면 실제로 키 성장에 방해가 된다. 한의학적으로 봤을 때 자위행위를 할 때 나오는 정액은 뼈의 구성 물질과 근원이 같다. 따라서 과도한 자위행위로 정액을 많이 배출하면 뼈의 성장을 방해하며, 성호르몬의 분비를 왕성하게 만들어 성장판을 빨리 닫히게 한다.

초경을 하면 키가 안 자란다?

잘 크던 키가 초경을 한다고 갑자기 키 성장이 딱 멈추는 것은 아니다. 하지만 그 속도가 느려지는 것은 사실이다. 성호르몬이 분비되면 성장판이 점차 닫히면서 키 성장도 멈춘다. 여자아이의 경우 성호르몬의 분비되는 징후인 초경을 한 2~3년 후에는 성장판이 닫히게 된다. 따라서 첫 생리를 경험하는 초경 평균 연령 만 11.3세보다 일찍 초경을 시작했다면 성조숙증을 의심해봐야 한다. 어린 나이에 사춘기가 시작되는 성조숙증은 영양과잉이나 환경호르몬, 유전적 요인에 따라 영향을 많이 받는다. 더불어 이른 초경은 자궁과 난소의 기능을 약화시키고 조기 폐경을 유발할 수 있다. 따라서 초경이 시작되기 전에 아이의 몸 상태를 관찰하면서 2차 성징의 징후가 일찍 발견되면 성호르몬을 조절해 초경을 늦추는 치료를 시작하는 것이 바람직하다.

책가방이 무거우면 키가 안 큰다?

어려서부터 무거운 책가방을 메고 다니면 척추가 휘면서 옆으로 굽은 척추측만증에 걸려 키가 잘 자라지 않는다고 생각하지만, 결론부터 말하자면 책가방의 무게는 키에 큰 영향을 미치지 않는다. 성장기에 나타나는 척추측만증의 원인은 아직 정확히 규명되지 않은 상태지만 일단 특수한 유전자 이상으로 추정하고 있다. 척추측만증에 대해서는 PART4에서 자세히 살펴보도록 하겠다.

군대 가서 키가 커온다?

옛날에는 지금처럼 영양상태가 좋지 않아서 성장판을 조절하는 성호르몬 분비가 늦었다. 그래서 사춘기 증상이 고등학생이 될 쯤 찾아와 길게는 25세까지도 성장판이 닫히지 않는 경우도 심심치 않게 있었다. 따라서 군대에 가서 키가 커온다는 말은 이제 옛말이라고 봐야 한다.

키 크는 약 먹으면 작은 키 벗어날까?

요즘은 좀 드물지만, 한때 '성장탕' 붐이 일자 성장에 도움이 되는 특별한 처방이 있는 것으로 생각한 부모들의 문의가 많았다. 결론부터 말하면 성장탕에 정해진 처방은 없다. 똑같은 한 가지 처방을 가지고 모든 아이에게 성장탕이라는 이름으로 처방하는 것은 매우 몰지각한 행위다. 한의원에서 처방하는 성장탕이라는 것은 정해진 어떤 처방이 아니라 각각의 아이에 맞춘 맞춤처방일 뿐이다. 물론 키 성장에 도움이 되긴 하겠지만, 이를 먹는다고 해서 모든 아이의 키가 크는 것은 아니다.

고기를 먹으면 키가 자란다?

소고기, 닭고기, 돼지고기 등에 함유된 양질의 단백질은 분명 키 성장에 도움이 된다. 문제는 육류에 함유된 지방이다. 과도한 지방은 비만의 원인이 되며 심각한 경우 지방의 대사 과정 중 발생하는 렙틴의 영향으로 성호르몬 분비가 촉진되어 성조숙증이 나타날 수 있다.

흡연을 하면 키가 안 자란다?

청소년기에 피우는 담배는 건강뿐 아니라 키 성장에도 악영향을 끼친다. 흡연 전과 흡연 후의 성장호르몬 분비량을 측정한 결과 흡연 후에 분비량이 급격히 감소했다는 연구결과가 있다. 이 연구결과에 따르면 흡연을 하는 청소년의 성장판이 또래에 비해 훨씬 일찍 닫힌다.

달걀, 사골국, 곰국을 많이 먹을수록 키가 큰다?

삶의 질이 향상되고 다양한 먹을거리로 말미암아 오히려 영양과잉으로 키 성장에 문제가 되는 경우가 있다. 이러한 음식 중에 대표적인 것이 달걀을 비롯한 각종 알 종류와 곰국 혹은 사골국이다. 달걀 노른자의 콜레스테롤 함유량은 상당히 높으므로 하루에 한 개 이상 먹지 않는 것이 좋다. 곰국이나 사골국 역시 뼈에 좋다고 해서 성장기 아이들에게 열심히 먹이는 부모가 있는데, 이들 음식은 대부분 콜라겐과 지방으로 구성되어 있고 칼슘은 극소량만 함유되어 있다. 따라서 너무 자주 먹게 되면 소아비만을 유발하고 사춘기를 앞당길 수도 있다. 좋은 줄만 알고 많이 먹여왔던 완전식품인 달걀과 칼슘의 보고라고 알려진 사골국이 오히려 조기성숙을 유발해서 성장을 방해하기도 하므로 적당량만 먹이는 것이 중요하다.

살은 다 키로 간다?

어른들은 흔히 '살이 키로 간다'라고 말하지만, 이는 사실이 아니다. 성장호르몬은 지방을 태우면서 키 성장을 돕는 역할을 한다. 그러나 비만의 경우에는 성장호르몬이 과도하게 축적된 지방을 태우는 데만 집중적으로 쓰이고, 과도한 체지방 세포에서 분비되는 렙틴이라는 호르몬이 사춘기를 빨리 오게 만들어서 키가 클 수 있는 시기를 단축시킨다. 즉 '살이 키로 가는 것'이 아니라 오히려 성조숙증을 유발해 키 성장을 방해한다.

우리 아이 건강 체크리스트

다음은 아이의 키를 위해 일상생활에서 늘 관심을 가져야 할 건강 체크리스트다. 성장기 자녀에게 필요한 건강상태를 확인하기 위한 것이니 하나하나 체크해보자.

● **식사 습관**

1. 규칙적인 식사를 합니까?

앞에서 언급했듯이 이 부분은 식습관에서 매우 중요한 요소다. 특히 항상 일정한 시간에 먹는 점심 식사와 달리 아침 식사와 저녁 식사는 불규칙하거나 부실한 경우가 많다. 그런데 모든 식사를 균일하게 규칙적으로 할 수 있다면 특별히 영양을 챙기지 않아도 그 자체로 영양을 걱정할 필요가 없게 된다.

2. 간식은 적절한 시간에 적절한 양을 먹습니까?

식사시간과 식사시간 사이에 먹는 간식은 의외로 규칙적인 식사를 방해하는 역할을 할 수 있다. 간식 먹는 시간을 조절하지 못해 식사시간에 제대로 식사를 못하는 경우가 많고, 시간 설정이 적절했음에도 양 조절을 못해 다음 식사를 힘겹게 하는 경우도 많이 있다. 따라서 간식은 시간과 양을 잘 조절해 먹어야 한다. 또한 간식 자체는 인스턴트 식품보다는 과일이나 뿌리 음식 등이 좋고 음료는 청량음료나 이온음료를 피하고 과일 주스, 보리차 같은 것이 좋다.

3. 콩을 재료로 만든 음식, 달걀, 멸치, 생선, 육류, 미역 등을 빠지지 않고 자주 잘 먹습니까?

성장에 도움이 되는 이런 음식들을 골고루 잘 먹을 수 있도록 유도해주는 것이 매우 중요하다. 패스트푸드만 아니라면 밥상에 오르는 다양한 음식들을 잘 먹는 것 역시 중요하다. 가능한 편식하지 않고 다양한 음식들을 잘 먹고, 특히 뼈에 도움이 되는 단백질과 칼슘 등이 많이 함유된 음식을 챙겨서 먹으면 키가 크고 건강한 아이로 자라는 데 많은 도움을 받을 수 있다.

4. 패스트푸드나 청량음료, 이온음료를 멀리합니까?

건강한 음식을 찾아 먹는 것도 중요하지만 그 반대로 건강을 해칠 수 있는 음식을 피하는 것도 키가 크는 데 중요한 전략이다. 특히 패스트푸드는 짜면서도 단맛이 강하고 인의 함유량이 많아 몸속의 칼슘을 오히려 배출하므로 뼈가 자라는 데 부정적인 기능을 한다. 건강과 키를 생각한다면 반드시 피해야 할 것이 패스트푸드와 청량음료, 이온음료다.

● 운동 상태

1. 매일 일정량만큼 운동을 합니까?

매일 운동을 하는 것은 생각만큼 쉽지 않고 성장기의 아이들 역시 이를 지키기가 매운 힘든 상황에 있다. 특히 아이 혼자 운동할 것을 강요하는 것도 마땅치 않다. 그러나 줄넘기 같은 운동은 적은 공간에서 짧은 시간 안에 성장판을 자극시키고 운동 효과도 좋아서 매일 저녁마다 조금씩 아이와 함께 해볼 만하다. 줄넘기는 아이의 키가 자라는 데 도움이 되고 부모 역시 건강해질 수 있는 최고의 운동이다.

2. 매일 30분 이상씩 해가 보일 때 산책을 합니까?

우리 몸에 필요한 칼슘을 흡수하는 데 영향을 미치는 비타민D는 태양의 자외선을 통해 만들어진다. 해가 잘 드는 곳에 앉아 햇빛을 쬐어도 좋고 그것이 무료하다면 산책을 해도 되니 매일 30분 이상씩 햇빛을 받도록 한다. 이렇게 해서 생성된 비타민D는 칼슘이 우리 몸 안에 흡수되도록 돕는다. 별것 아닌 것 같은 가벼운 산책이나 햇빛 쬐기가 키가 크는 데 좋은 영향을 미치는 것이다.

● 수면 습관

1. 규칙적인 수면시간을 지키고 있습니까?

식사와 마찬가지로 수면시간 역시 규칙적으로 하는 것이 중요하다. 규칙적인 시간 잠자리에 드는 것은 깊은 수면으로 빠르게 유도해 수면의 질을 향상시킨다. 가능하면 10시 이전에 잠이 들어야 하고 업어 가도 모를 정도의 깊은 수면 상태로 빠져야 한다. 이 수면 시간에 성장호르몬이 나오고 뼈가 자라고 몸이 성장한다. 깊은 수면에 빠질수록 이런 효과가 배가 된다.

2. 수면 환경은 잘 되어 있습니까?

깊은 수면에 들어가기 위해서는 주변의 환경이 좋아야 한다. 가장 중요한 것은 조명이 꺼진 완전한 어둠이다. 그 다음은 소음이 없는 곳이고, 집안의 온도나 환기 등 역시 적절해야 한다. 너무 푹신한 매트보다는 어느 정도 쿠션이 있는 매트가 좋고 베개는 낮아야 목의 근육이 긴장하지 않는다. 잠자리 옷은 편안한 것으로 준비한다. 혈액순환에도 좋고 정서적으로도 안정감을 주기 때문이다.

그 외에도 건강상태에 대해 기본적으로 다음과 같은 일들이 빈번히 일어나지 않는지 체크해본다.

● 기본적인 건강상태 체크
1. 감기나 잔병을 달고 살지는 않는가?
2. 코가 자주 막히거나 호흡기 쪽에 이상은 없는가?
3. 두통을 자주 호소하지는 않는가?
4. 자주 체하거나 배가 아프지는 않는가?
5. 변비나 설사와 같은 증세는 없는가?
6. 밤에 오줌을 싸는가?
7. 너무 마르거나 비만인가?
8. 앉는 자세가 안정적인가(척추가 올바른가)?

9. 목뼈가 삐뚤지는 않는가?

10. 관절이 자주 탈골되지는 않는가?

이 증세들은 키의 성장에 영향을 미칠 뿐 아니라 전체적인 건강에도 영향을 미칠 수 있으므로 한번쯤 체크해보고 그 빈도가 과도하다고 생각된다면 즉시 한의사와 상의하는 것이 좋다.

키 성장의 핵심을 이루는 것은 성장호르몬과 성장판이며, 유전을 제외하고 키 성장에 영향을 미치는 절대적인 세 가지 요인은 영양, 수면, 운동이다. 키가 자라는 데 있어 영양섭취는 무엇보다 중요하다. 영양소는 에너지 공급원이자 몸을 만드는 재료이므로 섭취한 양 이상으로는 클 수 없다. 재료가 좋아야 제대로 된 성장이 이루어질 수 있는 것이다. 수면이 중요한 이유는 키 성장에 영향을 미치는 성장호르몬의 70퍼센트가 잠을 자는 동안에 분비되기 때문이다. 운동이 중요한 이유는 운동을 할 때 성장호르몬이 많이 분비되고 성장판이 자극되어서다. 역도처럼 성장판에 충격을 주는 일부 운동을 제외하고는 대부분의 운동이 키 성장에 좋다. 이번 파트에서는 우리 아이의 폭풍성장을 가능하게 하는 키 크는 세 가지 비결을 집중적으로 알아보도록 하겠다.

PART 2

폭풍성장,
꿈을 이루는 법

잘 먹어야 잘 큰다

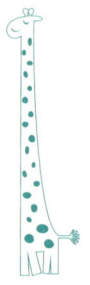

유전적 요인 외에 성장에 절대적인 영향을 미치는 영양과 운동, 수면 중에서 '영양'은 가장 중요한 환경 요인이다. 따라서 아이의 성장과 직결되었다고 해도 과언이 아닌 식생활 습관을 바로잡고 영양소를 골고루 섭취할 수 있게 하는 것은 대단히 중요하다. 하지만 키를 키우겠다고 한 가지 영양소에만 집중하게 되면 오히려 인체의 균형이 무너지므로 균형 잡힌 음식 섭취와 올바른 식생활 습관을 가지도록 하는 것이 무엇보다 중요하다. 건강한 몸을 위해서는 탄수화물, 단백질, 필수 아미노산(8종), 지방, 필수 지방산, 비타민류(15종), 무기질(17종) 등 40여 종에 이르는 영양소를 알맞게 섭취해야 한다.

실제로 아이들 중에 키가 크고 건강한 아이들은 먹는 것도 잘 먹고 딱히 가리는 음식도 없다. 이는 식생활 습관이 좋은 아이들이 키 성장에도 유리하다는 증거다. 실제로 성장장애 진료를 위해 한의원을 방문한 아이들 중에는 소화불량, 만성설사 등 소화기 계통이 허약한 경우가 많았다. 더욱이 무더운 날씨가 지속되는 여름철이나 개학 후 학교 수업을 시작하면서 바빠지는 시기에는 건강하던 아이들도 힘들어한다. 소화기 계통이 허약한 아이들은 뜨거운 여름에 더운 날씨로 인해 땀이 많아지고 무기력해지며 입맛이 없어 식사량이 더 줄거나 심한 경우 식사를 아예 거부하기도 한다.

초등학교 고학년은 잘 먹기 시작하는 시기인 만큼 음식물의 고른 섭취로 성장 관리를 해야 한다. 탄수화물, 단백질, 지방, 미네랄, 비타민 등 모든 필수 영양소를 고루 섭취해야 하므로 한쪽으로 영양이 치우치거나 질이 나쁠 수밖에 없는 인스턴트 음식은 되도록 멀리한다. 집에서 직접 만든 영양식 특히 한식 위주로 먹는 것이 좋고 영양의 과다 공급 또한 주의해야 한다. 마르지도 뚱뚱하지도 않게 표준 체중을 유지하는 것이 정답이다.

성장기 아이들에게 효과적인 영양소

키를 크게 하는 음식은 쉽게 말해 우리가 건강과 생명유지를 위해 먹는 모든 음식이다. 몸을 건강하게 유지하기 위해서는 4대 필수영양소인 탄수화물, 지방, 단백질, 비타민을 균형 있게 섭취해야 한다. 하지만 한국인의 식단 특성상 단백질 섭취는 부족한 반면 탄수화물과 지방 섭취가 많다. 또한 급속한 도시화로 인한 패스트푸드의 유입과 저영양 고칼로리 음식 섭취가 많아져 영양 불균형을 초래하고 있다.

또한 여러 환경적인 요인이나 대량생산에 따른 영양적 품질저하, 토양오염 등으로 음식 섭취만으로는 비타민, 미네랄, 아미노산, 무기질 등의 보조 영양소들을 제대로 공급받을 수 없어서 영양부족이 생기기도 한다.

하지만 이 영양소들은 서로 상호적인 효과를 발휘하기 때문에 한 가지만 결핍되어도 다른 영양소의 기능에 문제를 일으킬 수 있으므로 주의해서 섭취해야 하다. 그렇다면 성장에 직접적인 영향을 미치는 영양소에는 어떤 것이 있을까? 이에 대해 살펴보고, 이후 아이의 식단 관리에 좀 더 신경을 쓰도록 하자.

뼈 성장의 열쇠, 칼슘과 단백질

키가 크는데 가장 중요한 영양소는 단백질과 칼슘이다. 단백질은 우리 몸을 구성하는 주요한 성분으로 특히 근육과 뇌를 구성하는 중요 요소다. 칼슘은 뼈와 치아를 구성하고 키 성장에 직접 관여하는 영양성분이다. 뼈는 뼈로만 자라지 않고 주변의 근육과 함께 자라기 때문에 양질의 단백질을 함께 공급해줘야 한다. 즉 키가 크려면 칼슘과 단백질을 풍부하게 매 식사시간마다 섭취하도록 해야 한다.

단백질이 많은 식품으로는 달걀 흰자와 참치, 쇠고기, 돼지고기, 닭고기의 살코기와 콩, 두부, 두유 등의 콩류와 우유, 치즈 등의 유제품을 들 수 있다. 칼슘은 멸치나 표고버섯, 달래, 고구마순, 깻잎, 김, 미역, 다시마, 우유 같은 음식이 좋고, 단백질을 얻기 위해서는 살코기나 생선, 콩으로 만든 음식과 달걀 등이 좋다.

이 중에 칼슘은 대부분의 사람들이 무작정 많이 섭취하면 성장에 도

Tip. 칼슘이 많이 들었다는 우유는 성장에 얼마나 영향을 미칠까?

영양소는 가능하면 다양한 경로를 통해 얻는 것이 좋다. 가령 우유 같은 경우에는 무조건 많이 먹는 것이 칼슘 공급에 좋다는 편견이 있어 너무 과다하게 복용하는 경우가 있다. 우유가 완전식품이라는 견해는 주로 낙농회사들로부터 지원받고 있는 의학단체들로부터 나왔다는 사실을 눈여겨볼 필요가 있다. 우유는 너무 많이 복용하게 되면 오히려 몸속의 철분이나 여러 무기질을 배출시키기도 한다는 실험결과도 있다.

요즘에는 낙농산업이 과도하게 발달해 그에 대한 반발로 우유에 대한 여러 좋지 않은 보고들도 존재한다. 가령 우유를 생산하는 젖소는 과연 하루에 몇 리터의 우유를 생산하는 것이 적합한가와 같은 논쟁이 그것이다. 상당수의 젖소들은 평균 능력을 상회하는 우유를 생산한다. 그것을 유지하기 위해 지속적으로 사료나 주사로 여성호르몬제를 투여한 결과, 그 호르몬이 우유 속에 남아 있게 된다. 그리고 그 우유를 아이들이 장기간 마시게 되면 여자아이의 경우에는 초경이 빨라지고 남자아이는 초등학교 6학년만 되어도 정밀검사에서 유선이 보인다는 보고가 있다.

이런 내용은 아직도 논란 속에 있지만 어느 정도 설득력을 얻어가고 있다. 일부의 낙농가에서는 이 때문에 호르몬제를 쓰지 않은 우유를 생산해 유기농 제품을 파는 가게에 공급하고 있는데, 생산량이 소량이라 일반 우유보다 가격이 비싼 편이다.

움이 될 것이라고 기대한다. 하지만 이는 잘못된 판단이다. 칼슘은 각각의 음식마다 체내 이용률(우유 50퍼센트, 멸치 및 해산물 25퍼센트, 채소류 20퍼센트)이 다르고 섭취하는 방법에 따라 효용이 달라지므로 많이 섭취한다고 좋은 것이 아니다.

칼슘의 1일 권장섭취량은 성인 700밀리그램이다. 단, 임산부나 청소년, 노인들은 그보다 많은 칼슘을 먹어야 한다. 이때 칼슘 흡수를 방해하는 인산이 다량 함유된 식품(사골, 우유 등), 칼슘의 배출을 촉진하는 나트륨 성분을 많이 섭취하면 체내에서 이용되는 칼슘의 양이 현저하게 줄어들게 되므로 주의해야 한다.

비타민과 무기질

성장기 아이들에게 비타민D, 비타민K, 요오드, 철분 등의 비타민과 무기질은 필수적인 영양공급원이다. 뼈의 성장과 세포의 분열증식을 위해서는 이들 요소가 매우 중요한 역할을 하기 때문이다. 이 중에서 칼슘과 관련이 있는 비타민D와 비타민K, 요오드, 철분 등의 영양소에 대해 알아보자.

비타민D는 칼슘의 흡수를 돕는다. 하루 30분 정도 햇빛을 쪼이면 자외선을 받아 하루 동안 쓸 수 있는 비타민D가 만들어진다. 하지만 불행히도 실내에서 주로 생활하는 아이들은 이것이 쉽지 않다. 밖으로 나올 때도 자외선 차단제를 잔뜩 바르고 나오고 이동할 때는 자동차로 이동하기 때문에 인체에서 비타민D를 만들 여가가 없다. 햇빛 좋은 시간에 30분 정도 아이들과 산책하는 여유가 필요한 이유다.

비타민K는 칼슘이 빠져나가지 않도록 돕는 역할을 한다. 주로 푸른 잎채소에 많이 있으므로 샐러드와 같은 음식을 자주 먹도록 한다.

요오드는 뼈 성장에 필요한 호르몬을 배출하는 데 중요한 무기질 성

 **달걀, 알밥, 사골국이
단백질의 보고라는 말은 오산!**

평상시 아이들이 자주 먹는 음식이 달걀이나 알밥, 사골국이다. 몸에 좋은 음식으로 대부분 알고 있지만 달걀이나 각종 알 종류는 콜레스테롤을 많이 함유하고 있어서 너무 자주 먹으면 오히려 좋지 않다.

사골국 역시 칼슘이 풍부해 뼈를 튼튼히 해준다고 생각하지만 대부분이 콜라겐 지방으로 칼슘은 극소량이고, 이 중에서도 몸 안으로 흡수되는 양은 극히 일부분에 불과하다. 이 때문에 수시로 사골국을 끓여 먹는 아이들은 비만이 되기 쉬우며 사춘기가 빨라지는 조기성숙의 가능성이 높아진다.

실제로 필자가 운영하는 한의원에 내원하는 환자를 살펴보면, 조기성숙이나 소아비만 등 성장을 방해하는 요인을 가진 아이들 중에 할머니가 아이를 돌보는 가정이 많다. 맞벌이가 늘어남에 따라 아이가 대부분의 시간을 할머니와 보내는 집이 많아졌다. 할머니가 손자손녀의 건강을 생각한다며 거의 매끼에 달걀 프라이를 만들어주고, 집에서 가장 큰 냄비에 뼈를 고아 보름이고 한 달이고 매일매일 사골국을 먹이는 경우가 많다. 이처럼 좋은 줄만 알고 많이 먹였던 달걀과 사골국은 과도하게 섭취할 경우 오히려 조기성숙을 유발해 성장을 방해할 수도 있으므로 유의해야 한다.

분으로 미역, 다시마 같은 해조류에 많이 들어 있다. 미역, 다시마는 칼슘도 많이 함유되어 있어 여러 가지로 좋은 식품이라 할 수 있다.

아이들이 성장하면서 조직이 커지고, 특히 여자아이들이 초경을 시작할 때가 되면 철분이 많이 필요해진다. 철분은 붉은 살코기와 생선, 달걀, 녹색 채소에 많이 들어 있다.

성장의 훼방꾼, 키가 크려면 피해야 하는 음식

음식을 잘 먹고 영양을 잘 공급받는 것만큼 중요한 것이 피할 것을 잘 피하는 것이다. 성장기 아이들에게 피해야 할 음식에는 몇 가지가 있다. 가공식품이나 탄산음료에는 화학물질 및 탄산가스가 다량으로 함유되어 있으므로 피해야 하고, 튀긴 음식 역시 활성산소를 만들 수 있으므로 섭취에 각별히 주의해야 한다. 우리 몸에서 처리 가능한 정도의 활성산소는 큰 문제가 되지 않지만 그 이상이 되면 건강에 위협이 되기 때문이다.

탄산음료

콜라, 사이다, 환타 등 탄산음료에는 착색원료와 인산이 포함되어 있다. 인산은 칼슘을 소변으로 배출시키고 뼈를 약하게 한다. 탄산음료 속의 착색원료는 성장호르몬 분비를 방해하기 때문에 피하는 것이 좋다.

신과일

키위, 레몬, 오렌지 등 신과일이나 과일주스를 너무 많이 마시면 성장에 문제가 생길 수 있다. 신과일에는 유기산이 많고 과일주스에는 당분이 다량 포함되어 있는데 너무 많이 섭취하면 칼슘 흡수와 성장호르몬 분비를 방해하기 때문이다. 그렇다고 과일을 아예 먹지 말라는 얘기가 아니다. 과일은 비타민, 무기질, 섬유질을 섭취하는 데 좋은 식품이므로 하루에 100~200그램 정도의 과일과 1컵 정도의 과일 주스는 먹는 것이 바람직하다.

Tip 인스턴트 식품의 대표주자! 포테이토칩

원래 감자는 굽거나 삶아도 비타민C가 잘 보존된다. 아울러 칼륨이나 비타민E 역시 풍부하다. 그러나 포테이토칩은 감자를 얇게 썰어서 굽고 튀기는 과정과 제품으로 포장되면서 봉지에 담겨 상품으로 출하되기까지 많은 문제점들을 안고 있다. 비타민C와 E, 칼륨, 기타 무기질이 소실되는 것은 물론 지질을 40퍼센트나 함유한 지방 식품으로 변하고, 부패방지를 위해 합성항산화제까지 사용하기 때문에 몸에는 더욱 안 좋다. 포테이토칩, 핫도그, 햄버거, 케이크류, 탄산음료 등과 같은 인스턴트 음식은 열량은 높지만 몸에 정말 필요한 비타민, 무기질 등이 부족해 '든 게 없는 음식(Empty Food)'이라고 불린다.

자극적인 음식

맵고 짠 음식은 자극성이 강해 알레르기나 염증을 증가시키고 면역 기능을 약화시켜 성장기 건강에 악영향을 미친다. 무엇보다 자극적인 음식을 먹으면 흡수한 칼슘이 몸 밖으로 배출되므로 주의해야 한다.

패스트푸드와 인스턴트 음식

패스트푸드나 인스턴트 음식은 열량은 높지만 비타민이나 무기질 등의 결핍을 유발한다. 비타민, 무기질을 함유하거나 강화시켰다 해도 신선한 재료를 조리한 경우에는 못 미친다. 이런 음식들은 체내에 흡수되면 혈당 수치를 급격히 높여 성장호르몬 분비를 억제하는 역할을 한다. 또 주된 양념이 소금이나 인공감미료이기 때문에 소아비만이나 성인병의 원인이 될 수 있다. 그밖에 정제한 밀가루로 만든 빵, 백설탕, 찹쌀떡, 케이크, 사탕, 아이스크림, 초콜릿, 스낵 등의 과자류 등도 열량이 높아 소아비만의 원인이 되므로 피하도록 한다.

키 성장에 도움되는 바람직한 식생활 습관

영양을 잘 공급하기 위해서 가장 중요한 것은 규칙적인 식사다. 그러나 의외로 들쭉날쭉한 식사시간 때문에 아이들 영양 공급이 엉망이 되는 경우가 많다. 아침식사는 부실하고, 점심은 대부분 급식으로 해결하고, 저녁밥은 학원 스케줄에 쫓겨 대충 때우기 일쑤다. 중간중간 먹는 간식은 대부분 인스턴트 식품이다. 병원에 온 아이들과 식사와 관련해 자세히 이야기를 나누어보면 뜻밖에도 점심 급식과 간식이 주식처럼 돼버린 경우가 많았다.

기계도 대중없이 돌리는 것보다 시간을 정해 그 시간에만 돌리고 나머지 시간에는 쉬게 해주면 수명이 길어진다고 한다. 사람 몸도 마찬가지다. 아무 때나 마구 음식을 밀어 넣는 것이 아니라 정해진 시간에 규칙적으로 식사를 하고 간식 역시 적절한 시간을 정해 규칙적으로 필요한 만큼만 먹도록 하면 같은 양의 음식을 먹더라도 영양소를 흡수하는 양이 많아지고 효율도 좋아진다.

정해진 시간에 규칙적으로 식사하기

성장기의 아이들은 가능하면 정해진 시간에 밥을 먹고 간식은 포만감을 느끼기 전까지만 먹는 습관이 필요하다. 이렇게 정해진 시간에 식사를 하게 되면 인체는 식사시간이 되면 영양을 공급받을 준비를 하고 효율적인 영양 흡수에 더 기여하게 된다. 특히 소화기가 부실한 아이들이나 장이 좋지 않은 아이들은 이런 방법이 큰 도움이 된다.

신선한 제철 채소를 최대한 먹기

육류 위주의 식단에 익숙한 아이들은 웬만해서는 채소를 먹으려 하지 않는다. 밑 손질에서부터 조리까지 많은 정성을 들여 음식을 만들어도 아이가 먹지 않으면 무용지물이다. 때문에 엄마 입장에서도 달갑지 않은 식재료 중 하나가 채소다. 하지만 채소에는 아이의 성장과 생리활동에 필요한 비타민과 미네랄, 비만을 예방해주는 식이섬유가 풍부해 자주 섭취하게 해주는 것이 좋다. 단, 신선하지 않거나 유해 화학물질에 노출된 채소는 오히려 건강을 해칠 수 있으므로 주의하도록 하자.

육류 섭취는 살코기 위주로, 필요한 만큼 섭취

육류를 통해 공급되는 양질의 단백질은 뼈와 근육을 형성하는 데 매우 큰 비중을 차지한다. 단, 성장촉진제와 항생제를 투여한 가축에 잔류하는 유해물질의 위협과 과도한 포화지방 섭취로 인한 비만의 위험을 감안하면 기름기는 제거하고 먹는 것이 좋다.

단백질 섭취량은 초등학교 입학 전 아이의 경우 하루 평균 10~20그램, 중고등학교 학생들은 하루 평균 30~60그램 정도가 적당하다. 중간 크기의 달걀 한 개가 함유하고 있는 단백질이 약 60~70그램이라는 점을 감안하면 국이나 반찬에 첨가된 육류만으로도 충분한 단백질 섭취가 가능하다는 점을 명심하자.

성장기 간식, 소홀히 관리하면 악영향

요즘 아이들의 식생활을 살펴보면 간식으로 섭취하는 칼로리가 하루 세 끼 식사보다 더 많은 경우가 부지기수다. 아무리 공들여 식단을 조절해도 간식 관리에 소홀하면 아이의 성장에 악영향을 미칠 수 있다. 키 성장을 원만하게 도우려면 간식은 패스트푸드나 가공식품 대신 과일이나 견과류, 채소 등 저칼로리 영양식을 선택하는 것이 바람직하다. 또한 지나치게 자주 간식을 먹으면 다음 식사에 영향을 미칠 수 있으므로 간식의 양을 조절하는 것도 중요하다.

> **Tip** 키 성장의 적, 비만 예방 생활습관

비만이 키를 성장시키는 데 불리한 이유는 두 가지다. 하나는 비만인 아이들은 살이 찌면서 하중이 늘어나 다리에 있는 성장판이 제 역할을 하지 못하는 것이다. 또 하나는 비만으로 인한 지방 세포의 분해에 성장호르몬이 큰 역할을 한다는 점이다. 키를 키우는 데 쓰이는 성장호르몬이 뼈도 자라게 하고 지방 세포도 분해해야 하는 2가지 일을 동시에 하게 되면 그만큼 효율이 떨어진다. 결론적으로 말하면 비만은 키를 키우는 데 좋지 않다. 그렇다면 비만을 예방하는 식습관은 어떤 것이 있는지 살펴보도록 하자.

- **항상 일정한 시간에 먹도록 한다** 식사를 거르면 인체는 열량을 소모하지 않으려 노력하므로 적게 먹어도 체중이 빠지지 않고 오히려 늘게 된다.

- **지방이 많은 음식 섭취를 줄인다** 포화지방과 콜레스테롤이 낮은 음식을 선택해야 한다. 무조건 육류의 섭취를 제한하면 성장기에 꼭 필요한 단백질이 부족할 수 있다. 지방을 제거한 살코기, 생선, 우유, 콩과 두부 등을 많이 먹는 것이 바람직하다.

- **아이 혼자 식사하지 않도록 한다** 가족과 대화하면서 식사하는 여유로운 습관을 기르면 건강도 지키고 화목한 가정도 만들 수 있다. 뿐만 아니라 혼자서 급하게 식사를 하면 뇌에서 포만감을 느끼기도 전에 너무 많은 칼로리를 섭취하게 된다.

- **먹는 행위 자체를 중요하게 생각하도록 해준다** 텔레비전을 보면서, 부엌을 왔다 갔다 하면서, 또는 공부를 하면서 먹지 않도록 한다. 그리고 반드시

식탁에 앉아서 먹도록 한다.
- **하루 1~2시간 이상 텔레비전과 게임기, 컴퓨터 앞에 앉아 있지 않도록 한다** 다나 파버(Dana-Farber) 암연구소 연구팀에 따르면 평균적으로 텔레비전 한 시간을 보는 것은 144걸음을 덜 걷는 것과 같다고 한다. 따라서 하루에 평균 3.6시간 텔레비전을 시청하는 사람들은 520걸음을 덜 걷는 것과 같아 운동 부족의 위험이 더 높아진다는 결과가 있다.
- **운동을 규칙적으로 한다** 일주일에 3~5회 걷기, 달리기, 자전거 타기, 수영 등 산소 소비량을 늘리는 운동을 규칙적으로 한다.

식욕부진, 그냥 두면 위험하다

아이의 성장과 건강과 관련해 먹는 음식의 총량이 미흡하고 먹는 것에 흥미를 느끼지 못하는 것을 식욕부진이라고 한다. 특정 음식만 먹거나 특정 음식은 먹지 않는 등의 편식과 골고루 먹지 않는 것 등이 모두 식욕부진에 해당된다. 선천적으로 비위기능이 약하게 태어난 경우, 즉 미숙아로 태어났거나 조산아로 태어났거나 혹은 임신 기간 동안 모체가 약해 입덧이 심하고 불면증이 심했던 경우 소화기가 약해 소화흡수 능력이 떨어지다 보니 성장도 느릴 수 있다.

아이에게 나타나는 식욕부진은 신체에 필요한 영양소를 제대로 얻지 못하게 하기 때문에 더욱 좋지 않으며 아이의 키가 작고 왜소해지는 원인이 된다. 이런 아이는 평소 식욕 자체가 없고 음식을 씹으면서도 그 자체가 힘든 고통이라고 생각하며 마치 음식을 돌같이 여긴다. 따라서 소화기 질환의 한 증상인 만성통증으로 음식을 거부할 경우 소화기를 보강해주는 보약으로 소화기능을 개선시키는 방법을 한의사와 상의토록 해야 한다.

일례로 얼마 전 필자가 운영하는 한의원에 내원한 초등학교 4학년 지산이의 경우 당시 키가 133센티미터에 30킬로그램으로 또래보다 작고 마른 상태였다. 지산이의 어머니에게 물어보니 지산이가 입이 짧아 유아 시절부터 지금까지 밥 양이 늘지 않았으며, 밥 먹이기가 너무 힘들다고 토로했다. 억지로 혼내서 밥 한 그릇을 다 먹이면 화장실에 가서 토해버리기 일쑤였다. 외식을 하면 입맛에 맞는 음식만 조금 먹고 조금 과하다 싶으면 이내 설사를 하고 우유만 먹어도 화장실로 가버린다고 했다. 그래서 그런지 항상 짜증을 잘 부리고 집중력도 떨어지는 것 같았다.

지산이에게 왜 밥 먹기가 싫으냐고 물어보자 그냥 맛이 없고 먹으면 토할 것 같다고 답했다. 진단 결과 지산이는 위장이 약해 음식물의 소화흡수를 잘 시키지 못하고 있었으며 심리적으로도 많이 불안한 상태였다. 이런 경우 키 성장을 도와주는 처방과 함께 위장 기능을 튼튼하게 해주고 아울러 심리적인 안정을 도와주는 처방을 병행해야 한다. 지산이의 경우도 이러한 것에 초점을 맞추어 치료에 들어갔고 3개월 정도 지난 시점에서는 스스로 밥도 챙겨 먹고 식사량도 많이 늘었다. 꾸준히 치료해 1년이 지난 시점에서는 키는 140센티미터, 38킬로그램으로 또래 평균 키와 몸무게에 근접했다. 이처럼 아이들의 경우 이유 없이 밥을 안 먹는 경우는 없다. 식욕부진으로 왜소한 아이가 있다면 원인을 찾아서 치료해주는 것이 중요하다.

게다가 아이의 식욕부진은 감정적 혼란, 지루함, 또는 불쾌한 일에 마주칠 때 발생하고, 우울증과 같은 정신적 문제를 자주 동반하고 있어 주의가 필요하다. 유아인 경우 잦은 감기, 비염, 중이염, 다한증, 아토피, 경기, 정신적 불안, 복통, 변비 등과 동반되어 나타나기도 한다. 따라서 단순히 식욕을 돋우는 데 초점을 맞추는 것이 아니라 전반적인 건강상태를 살펴 몸을 좋게 만드는 것이 중요하다.

다시 한 번 강조하지만 아이들의 식욕부진은 영양소를 제대로 섭취하지 못한다는 점에서 반드시 치료해야 할 질환이다. 식욕부진 현상만을 보지 말고 생활습관이나 몸 전체의 이상 여부를 확인하고 치료하는 것이 필요하다. 다양한 요인에 의해 복합적으로 나타나기 때문에 하나의 증상이라도 다각도의 접근이 필요한 것이다.

수면, 키 성장을 이루어주는 보약

성장기의 어린이에게 잠은 어른보다 훨씬 중요한 문제다. 키 성장에 결정적인 성장호르몬이 밤에 집중해서 분비되기 때문이다. 대체적으로 성장호르몬은 밤 10시에서 새벽 2~3시까지 파동적으로 분비된다. 이 시간은 수면 후 깊은 잠에 빠져든 시간과 대부분 일치하므로 성장기의 아이들이 "9시에 잠자리에 들어서 아침 7시에 일어나는 것이 좋다"라는 말은 괜히 나온 것이 아니다.

하지만 현실은 그렇지 않다. 최근 대한수면학회 심포지엄에서 발표된 자료에 따르면, 평일에 중학교 3학년은 6.6시간, 고등학교 1학년은 5.9시간, 고등학교 2학년은 5.6시간을 자는 것으로 조사됐다. 전문가들이 권하는 청소년 적정 수면 시간인 8시간에 한참 못 미친다. 특히 10세의 수면은 8.52시간으로 스위스(9.9시간), 미국(9.4시간), 사우디아라비아(9.2시간), 홍콩(8.72시간) 등 조사 대상 국가 중 가장 짧았다. 초등학생의 적정 수면 시간은 9.5시간 정도다.

물론 무턱대고 많이 자는 것보다는 질이 중요하다. 잠은 1~2단계인 얕은 잠(가수면 또는 렘수면)과 3~4단계의 깊은 잠(진수면 또는 논렘수면)으로 나뉜다. 얕은 잠이란 의도적이지 않지만 자면서도 눈동자가 움직이는 상태를 말한다. 깊은 잠은 눈동자의 움직임이 없는 숙면 상태를 일컫는다. 깊이 잘 때는 뇌파가 안정되고 큰소리가 나도 깨지 않는다. 반면 얕은 잠은 주변의 작은 자극에도 쉽게 깨고 몸을 자주 뒤척인다. 자고나서도 꿈을 기억한다. 얕은 잠과 깊은 잠은 하룻밤 사이에 4~6회 반복된다. 잠든 후 1시간 반가량 지나면 깊은 잠에 들게 되는데, 이때 성장호르몬이 낮 시간보다 4.5배 많이 분비된다. 억지로 잠을 청하기보다 다소 늦더라도 눕자마자 깊은 잠에 빠질 수 있도록 편안한 상태에서 자야 한다.

건강한 수면을 취하지 못하면 성장이 지연되거나 비만체질이 되기 쉽다. 또 면역기능도 약해지고 집중력이나 기억력이 떨어지며 정서불안을 유발하거나 공격적인 성향으로 나타날 수 있다. 잘 크는 아이일수록 잠보가 많은 것도 바로 이런 이치다. 신경이 약한 아이들은 항시 불안하고 초조하며 자주 놀라고 깊은 잠을 못 이룬다. 잠을 자면서도 꿈을 많이 꾸고 악몽에 시달린다. 잠을 잘 자지 못하는 아이일수록 학교 성적이 좋지 않을 가능성이 높다는 연구결과도 있다. 따라서 키 성장뿐만 아니라 전체적인 성장발달 차원에서라도 잠을 잘 이루지 못하는 아이들은 세심한 관찰과 보살핌이 필요하다.

키 성장을 돕는 숙면의 비결

잠을 자더라도 깊은 잠에 도달하지 못하면 성장호르몬이 잘 분비되지 않는다. 깊은 잠에 빠지면 온몸의 근육이 풀리고, 심장박동과 호흡수도 줄어들며, 체온이 낮아지고, 온몸을 움직이기 위해 긴장되어 있던 세포들도 휴식을 취하는 상태가 된다. 이렇게 몸의 모든 에너지가 휴식을 취하고 있을 때 성장호르몬의 역할이 시작된다. 낮 동안 쌓아놓은 영양분을 재료로 해 뼈와 근육을 키우는 것이다.

낮보다는 밤에 자라

깊은 잠은 낮에도 가능할 수 있지만 될 수 있으면 잠은 밤에 자는 것이 좋다. 수면주기를 조절하고 성장호르몬 분비에 관여하는 멜라토민이라는 호르몬은 저녁 9시경부터 분비되기 시작해서 해가 비치기 시작하는 시간에 분비량이 줄어들기 때문이다. 즉 우리 신체는 빛이 없는 밤에 잠을 자도록 만들어져 있다. 그것에 따르는 것이 인체가 정상적으로 성장하는 바른 길이란 뜻이다. 유아가 아니라면 낮잠을 피하는 것이 저녁 숙면에 도움을 준다.

중학생이 되면 대부분의 아이들이 학업에 쫓기다 새벽이 되어서야 잠이 들게 된다. 이런 수면 습관은 깊은 잠을 잘 수 없게 만들어 성장호르몬이 충분히 분비되는 데 전혀 도움이 되지 않는다.

규칙적으로 자고 일어나라

먹는 것도 규칙적인 생활이 중요하지만, 잠을 자는 것도 마찬가지로 규칙적이어야 한다. 인체는 습관화된 규칙에 대해서는 바로 반응할 수 있는 훈련이 되어 수면이 규칙적인 사람은 불규칙적인 사람보다 원활하게 깊은 잠으로 빠르게 접근한다. 같은 시간에 자고 같은 시간에 일어나는 사람은 잠자는 효율도 그렇지 못한 사람보다 뛰어나다. 따라서 아이가 잘 자라게 하려면 적어도 밤 10시에는 잠자리에 들어 아침 7시쯤에 일어나는 습관을 갖게 하는 것이 좋다.

7시간 이상 충분한 잠을 자라

성장을 촉진하는 최소한의 수면시간은 7시간이다. 이는 얕은 잠과 깊은 잠의 주기를 조사해낸 통계 값이다. 청소년기인 12세부터는 성인과 비슷한 7~8시간 정도의 수면이, 소아기가 시작되는 6세부터 11세까지는 10시간 정도의 수면이 권장된다. 이 정도의 수면이 이루어져야 깊은 잠으로 들어가 충분히 몸 전체의 근육이 이완되면서 성장에 필요한 대사가 이루어진다고 보기 때문이다.

낮은 베개를 베고 자라

목을 받치는 베개는 높을 이유가 없다. 4~5센티미터면 충분하다. 낮은 베개는 목 근육을 긴장시키지 않고 혈액 순환을 원활하게 해 숙면에 도움이 된다.

조용하고 깜깜하게 자라

잠과 관련해 조언할 또 다른 점은 조명과 소음이다. 가능하면 조용한 곳에서 깜깜하게 자야 깊은 잠이 가능하다. 조명이 밝으면 수면을 유도하는 멜라토닌의 분비가 줄어들어 깊은 잠을 유도하는 데 방해가 된다. 소음 역시 수면에 방해를 주므로 외부의 시끄러운 소리가 들리지 않도록 해주는 것이 좋다.

Tip — 가장 좋은 잠, 깊은 잠

얼마나 깊게 자느냐에 따라서 수면의 상태를 4단계로 나눌 수 있다. 이 중에서 성장에 가장 중요한 단계는 3, 4단계로 누가 업어 가도 모를 정도로 깊은 잠을 자는 진수면이다. 나머지 수면시간은 결국 이 진수면에 들기 위한 보조적 기능을 한다. 낮에 자리에 앉아 공부만 한 경우와 적절하게 운동을 병행한 경우 운동을 병행한 쪽의 수면 상태가 더 양호한 것을 보면, 진수면에 바로 들어가기 위해서는 낮에 발산이 잘 되어야 한다.

또 "잠을 줄이며 공부한다"라는 말은 그리 효율적이지 못한 말이다. 깊은 잠에 빠지면 기억력이나 인지력이 좋아진다. 잠을 자는 동안 그날 있었던 정보들을 통합하고 기억들을 저장하는 역할이 깊은 숙면에서 이루어지기 때문이다. 때문에 오히려 잠을 잘 자지 못하면 인지력과 사고력이 떨어지는 결과가 나타난다.

어린이 수면장애는 심각한 질병

수면장애는 개인의 건강을 위협하는 질환이자 심각한 사회적 질환이다. 수면장애가 있을 때는 밤새 꿈을 꾸거나 잠꼬대를 심하게 하기도 하고 이리 저리 뒹굴며 자거나 헛소리를 하거나 이를 갈고 코골이도 한다. 심하면 수면무호흡증까지 나타날 수 있다.

아이가 잠을 이루지 못하는 요인은 다양하다. 가장 흔한 경우는 예민한 성격을 들 수 있다. 또 방과 후 낮잠을 자거나 알레르기 비염, 야뇨증, 천식, 야경증, 소아비만 등도 수면장애의 요인이 될 수 있다. 따라서 아이가 계속 잠을 이루지 못한다면 원인을 정확히 파악해 문제를 해결하는 것이 중요하다.

소아 비만

비만인 아이들이 수면장애에 시달리는 이유는 목 부분 편도조직이 너무 크기 때문이다. 커다란 편도조직은 숨길을 막아 코골이와 수면무호흡증을 불러온다. 실제로 과체중 아이들 중 약 4분의 1이 수면장애를 겪고 있는 것으로 나타났다. 미국 조지아 의대 데이비스 박사팀의 연구결과 과체중이면서 신체 활동이 적은 소아 100명당 약 25명가량이 코골이를 포함한 수면과 연관된 호흡장애를 가지고 있는 것으로 나타났다. 데이비스 박사는 아동의 약 2퍼센트가 수면장애를 가지고 있으며 이들 중 약 37퍼센트가 과체중으로, 과체중 아동의 경우 수면장애의 유병률이 훨씬 높다고 분석했다.

야경증

잠자리에 들고 2~3시간 후에 갑자기 깨어 놀란 것 같은 불안 상태로 울부짖거나 뛰어다니는 현상이다. 이 경우 진정되어 다시 잠자리에 들더라도 다음날 아침에는 전혀 기억하지 못한다. 보통은 정신적인 히스테리가 원인이다.

야뇨증

정상적으로 소변을 가리는 시기는 만 2~3세로 소변 가리기가 만 5세 이상 지연될 때 이것을 야뇨증이라 한다. 미국의 통계에 따르면 만 5세 정도의 어린이 중에서 남자아이의 7퍼센트, 여자아이의 3퍼센트가 야뇨증 증세를 보이며, 10세 정도의 어린이 중에서 남자아이의 3퍼센트, 여자아이의 2퍼센트가, 18세 이후에서는 남자아이의 약 1퍼센트가 야뇨증 증세를 보인다고 발표되었다. 야뇨증이 아니더라도 자는 동안 소변을 보게 될까 두려운 마음에 아이가 숙면을 취하지 못하는 경우가 있으므로, 편하게 잘 수 있도록 심리적 안정감을 주고 잠들기 1시간 전에는 수분 섭취를 삼가도록 한다. 또한 잠자기 전 반드시 소변을 본 뒤 잠자리에 들게 해야 한다.

주간 수면과다증

낮에 많이 졸거나 자는 경우인데, 밤잠의 질이 나빠짐에 따라 발생하기도 하지만 밤에 잠을 잘 자도 발생하기도 한다. 청소년기 또는 초기 성년기에 흔히 시작되고 대부분이 30세 이전에 발병한다. 특히 어린아이들은 학교에서 졸다가 학습장애는 물론 친구에게 놀림으로 인한 심리적인 문제에 빠질 수 있다.

천식

천식을 앓고 있는 어린이들은 기침 탓에 수시로 잠을 깨는 등 심각한 수면장애를 겪고 있다. 천식 및 알레르기 예방 운동본부가 12세 이하의 소아천식 환자 부모 211명을 대상으로 조사한 결과, 야간 기침 증상으로 잠을 깬 적이 있는 환자가 62.5퍼센트에 달하는 것으로 나타났다.

Tip 수면장애를 치료하고 성장을 돕는 한방치료

원인과 체질에 따라 수면장애를 치료하면 키도 잘 자라고 몸도 건강하게 만들 수 있다. 한방에서는 수면장애를 증상에 따라 '심혈허(心血虛)' '심담허겁(心膽虛怯)' '심신불교(心腎不交)'와 같은 증후로 변증해 치료한다.

불안 초조하고 어지럽고 소화불량이나 식욕부진 증상이 있는 경우엔 '심혈허'로 진단한다. 이는 뇌와 심장에 영양분을 공급하는 혈액이나 신경전달물질, 호르몬이 부족해서 발생하는 경우에 해당된다.

이유 없이 무서워하거나 자주 놀래는 아이들은 자면서도 자주 깨고 깊은 숙면을 못하는 경우가 흔한데 가미귀비탕이나 온담탕과 같은 처방을 사용하면 효과가 좋다. 상태가 심한 경우는 6개월 이상 꾸준히 치료를 하는 것이 바람직하다.

특히 3세 이하의 환자들 가운데 78.1퍼센트가, 4~7세 가운데 56퍼센트가, 8~12세 가운데 54.7퍼센트가 '잠을 깬 적이 있다'고 답해 나이가 어릴수록 천식 발작으로 인한 수면장애 비율이 높은 것으로 밝혀졌다. 또 천식 발작 때문에 1일 1회 이상 잠을 깨는 경우와 2~3일에 1회 이상 잠을 깨는 경우도 전체 소아천식 환자의 31.7퍼센트에 이르는 것으로 조사되었다.

숙면을 도와주는 생활 속 대처법

아이가 제대로 잠들지 못하는 이유가 너무 예민하거나 천식 등이라면 전문가를 찾아가 정확한 진단과 치료를 받아야 하지만, 그렇지 않을 경우 평소 먹는 음식이나 생활습관 등을 살펴 숙면을 도울 수도 있다.

낮잠은 유아라면 한 시간 정도가 적당하며 저녁식사 전에는 일어나 활동을 하게 만드는 것이 좋다. 단, 유아가 아니라면 낮잠은 될 수 있으면 피하는 것이 저녁 숙면에 도움이 된다.

콜라, 아이스크림, 초콜릿 등은 카페인이 함유되어 있어 아이들의 수면을 방해할 뿐만 아니라 뼈 성장에도 좋지 않은 영향을 준다. 더불어 잠들기 전에 음식을 먹이는 습관도 수면에 좋지 않다.

반면 숙면을 돕는 음식도 있다. 칼슘과 마그네슘 등의 미네랄이 많이 함유된 우유, 바나나, 감자, 키위, 아몬드 등은 숙면에 도움이 되는 음식이다. 마그네슘은 고기, 생선, 해산물 등에 많이 함유되어 있다. 더불어 신선한 과일, 푸성귀, 채소 역시 수면에 도움이 된다.

더운 여름철에는 무더위 때문에 잠을 잘 못 이루는 아이들도 많다. 이 경우 잠들기 1~2시간 전부터 선풍기나 에어컨으로 실내 온도를 맞춰주고 아이가 잠든 후에는 얇은 소재의 이불을 덮어 체온 유지와 함께 배를 차지 않게 해주는 것이 좋다.

수면 시 호흡법, 코로 숨을 쉬어야

키 안 크는 잠, 즉 선잠을 피하기 위해서는 우선 수면 시 호흡이 중요하다. 비염이 있는 아이들의 경우 코가 막혀 자기도 모르게 입으로 숨을 쉬다 보면 깊고 편한 수면 상태를 유지하지 못하게 된다. 이 같은 수면 방해는 성장호르몬이 충분히 나오는 데도 방해가 되므로 반드시 치료가 필요하다. 실제로 성장기에 있는 아이들의 경우 구강호흡으로 말미암아 숙면을 취하지 못하게 되면 쉽게 흥분하고 산만해져 단체생활이 어려워지고 집중력이 저하된다. 또 성장과정에 있어 또래 아이들보다 성장하는 속도가 늦어지고 면역기능도 저하되기 쉽다.

비염을 예방하기 위해서는 면역 기능을 강하게 해 평소 감기에 걸리지 않게 하는 것이 중요하다. 잘못된 생활습관을 바꾸며 휴식을 취하고 몸을 보호해야 알레르기 비염의 치료도 효과가 있다.

일상생활 속의 알레르기 비염 예방법으로는 등산 등 규칙적인 운동과 맑은 공기 호흡으로 폐기능을 강화하는 것이 좋다. 또 면역력을 떨어뜨리는 피로와 과로를 피하는 것이 바람직하다.

성장과 평생 건강의 주춧돌 '운동'

　키 성장에 영향을 미치는 것은 크게 운동, 영양, 수면, 비만, 스트레스 등이다. 이 중 운동은 키 성장에 도움이 되고 평생 건강을 지켜주며 스트레스를 해소시켜주기 때문에 습관으로 만들어놔야 한다.

　특히 성장기 아이들에게 운동은 반드시 필요한데, 뇌하수체를 자극해 성장호르몬의 분비를 촉진시키고 성장판을 자극해 성장판이 닫히는 시기를 늦춰주기 때문이다. 성장호르몬은 잘 때 나온다고 알려져 있지만 운동할 때도 많이 분비되기 때문에 숙면 못지않게 운동이 키 성장에 긍정적인 영향을 미친다고 할 수 있다.

　아이들의 작은 키는 본인뿐만 아니라 부모에게도 큰 스트레스다. 그러므로 식습관을 바꿔봤지만 큰 변화가 없다면 운동량이 부족한 건 아닌지 생각해보자. 성장기 어린이에게 무엇보다 중요한 것은 성장판을 자극하는 운동을 꾸준히 하는 것이라 할 수 있다.

성장기 때 운동이 중요한 이유

요즘 애들은 체격은 산만 한데 체력은 밑바닥이다. 운동장 두 바퀴 돌면 토하고, 물구나무를 서면 쇄골이 부러진다. 철봉에 매달리면 10초를 버티지 못한다. 유연성은 70대 노인 같다. 성장기 때 운동은 평생 건강의 주춧돌이므로 운동이 성장과 발달에 미치는 영향을 알아보고, 아이에게 알맞은 운동을 시키는 것이 무엇보다 중요하다.

체력의 원천, 근력을 키워준다

근육은 체력과 힘의 원천이다. 근지구력이 좋으면 어떤 일에서든 집중력을 높일 수 있다. 근육이 부족한 아이는 활력이 없다. 자세도 구부정해 심폐기능이 떨어지고, 일자목 같은 근골격계 질환이 생긴다. 또한 빠른 노화의 원인 중 하나가 근육 감소이기도 하다.

근육의 성장은 5~6세에 시작해 12세까지 서서히 이뤄진다. 12세가 되면 6세 때의 두 배에 이른다. 6세가 되면 체중의 75퍼센트가 근육이다. 남학생의 근육량은 6세 때 평균 7킬로그램이었다가 16세에 23킬로그램으로 증가한다. 근육 조직을 구성하는 근섬유의 수는 어릴 때 결정된다. 이후에는 근육의 크기만 커진다. 어릴 때의 운동이 중요한 이유다.

심폐기능·유연성 높이고 피로회복 빨라진다

신체 조직에 필요한 산소와 영양분을 효율적으로 전달하는 심폐기능은 신진대사를 좌우한다. 심폐기능이 좋으면 노폐물 배출이 잘되고 면역력을 높여 잔병치레가 적다. 피로 해소도 빠르다. 심장과 폐가 건강하면 학업 능률을 높일 수 있다.

남학생의 경우 6세에서 16세까지 폐 용량이 1,937밀리리터에서 5,685밀리리터로 증가한다. 심장의 무게는 95그램에서 258그램으로 늘어난다. 이 시기에 심폐기능을 높이는 운동은 전신건강에 도움이 된다. 심장과 폐는 빨리 걷기만으로도 좋아진다. 하루에 1만 보를 걸어보자. 수영과 자전거 타기 같은 유산소 운동은 최대 산소섭취량을 15퍼센트까지 높인다. 운동을 하면 유연성이 발달한다. 유연한 몸은 손상을 줄여주고, 신체 에너지를 효율적으로 사용해 피로도도 적고 회복도 빠르다.

골밀도를 높이고 키 성장에 도움이 된다

뼈는 5~11세 때 점진적으로 성장하다 12세 이후 급격히 발달한다. 운동은 골밀도를 높이고 뼈를 굵게 만들며, 뼈 손상과 골절 위험을 낮추는 효과가 있다. 뼈가 건강하면 키 성장으로 이어지는 것은 당연하다. 또한 운동은 뇌에서 만드는 성장호르몬 양도 늘리는데, 성장호르몬은 뼈를 늘리고 근육을 발달시키는 데도 관여한다. 약간 힘든 운동을 10분 이상 하면 성장호르몬 분비량이 증가하고, 운동 강도에 따라 최대 25배까지 만들어진다.

지속적인 운동이 복부비만 줄여

운동은 소아비만 예방에 효과적이다. 소아청소년 비만율은 1990년대 말 약 10퍼센트에서 최근 15퍼센트로 뛰었다. 소아비만이 심각한 것은 성인이 됐을 때 고혈압·당뇨병·고지혈증·관절염 같은 만성 질환의 도화선이 될 수 있기 때문이다. 과체중 아이의 60퍼센트는 적어도 한 가지 이상의 심혈관 질환 위험 요소가 있다는 보고가 있다. 체지방률이 높은 아이일수록 뇌세포 손상 위험이 크다는 연구결과도 있다.

비만 진단 기준 중 하나가 복부 둘레다. 지속적인 운동은 복부 둘레를 줄인다. 한국청소년건강재단과 대한비만학회가 중학생 300여 명을 두 그룹으로 나눠 한 그룹은 정규 체육 수업 외에 따로 운동을 시키지 않고, 한 그룹은 정규 체육 수업 이외에 40주 동안 추가 운동을 시킨 결과 운동량이 늘어난 학생들은 성장기인데도 허리둘레가 0.8~1.8센티미터 줄었다. 정규 수업만 받은 학생들은 허리둘레가 1.6~3.1센티미터 증가했다. 이 결과를 보더라도 체지방을 줄이려면 매일 1시간 이상 유산소 운동과 근육강화 운동을 병행하는 것이 좋다는 것을 알 수 있다

키 크는 운동, 무엇이 있을까?

운동은 유연성을 늘리는 스트레칭과 요가, 유산소 운동인 걷기나 달리기, 줄넘기, 근력을 키우는 웨이트 트레이닝 세 가지를 골고루 하는 것이 좋다. 이때 유념해야 할 것은 키 크는 운동에서 가장 중요한 점은 성장판과 뼈를 자극할 수 있는, 체중 부담을 고려하는 운동이어야 한다

> **Tip** — 잘 놀아야 잘 큰다

성장기의 아이들에게 '논다'는 단어는 매우 부정적으로 들린다. 초등학교에 들어가기 전부터 각종 학원들로 빽빽한 스케줄 속에 사는 아이들에게 논다는 것은 패배자처럼 생각되게 만들기 때문이다. 그렇지만 성장기의 아이들은 잘 놀아야 한다. 그냥 노는 것도 아닌 '잘 놀아야 잘 큰다.'

노는 것이 중요한 이유는 크게 두 가지로, 성장판을 자극해 키가 크게 만들고 인체의 전체적인 균형을 잡아준다. 또 하나 중요한 이유는 발산이다. 아이의 성장은 그 자체로 인체에는 커다란 스트레스다. 게다가 중요 성장기에 접어들면 학업에 대한 스트레스 또한 덧붙여진다. 이런 스트레스를 발산할 수 있는 창구가 필요한데, 이것이 놀기가 될 수 있다.

신체적인 몸놀이는 여러 가지로 할 수 있다. 뛰기, 매달리기, 공차기 또는 태권도 등 신체 전체를 사용하는 놀이면 충분하다. 이런 놀이는 그 자체가 발산이 되면서 다시 성장판을 자극하고 신진대사를 촉진시켜 성장을 하는 데 좋은 영향으로 돌아온다.

특히 규칙이 있는 놀이들은 또래들끼리 상호작용을 하는 데 큰 영향을 주어 교우 관계를 두텁게 해준다. 혼자서 모든 것을 해결해야 하는 것보다 협업을 통해 문제를 해결하는 것이 스트레스도 덜하고 발달에도 더 좋은 영향을 준다는 보고서가 주목받는 이유는 바로 이런 것 때문이다.

는 것이다. 대표적인 것으로 중력에 반대 방향으로 움직이는 농구나 줄넘기, 제자리 높이뛰기 등을 들 수 있다. 이들 운동은 점프 동작이 많아 키 크는 효과를 줄 수 있다. 단, 마라톤처럼 너무 오래 달리거나 다리에 무리가 가는 운동은 피하는 것이 좋다.

유연성 운동

유연성 운동은 관절의 가동범위를 넓게 해주며 운동할 때 부상 위험성을 감소시키며, 척추를 바로잡고 자세를 개선해 숨어 있는 키를 찾아준다. 별도로 시간을 내기 쉽지 않다면 잠자기 전에 5~10분 정도 기지개를 켜거나 스트레칭하는 것도 좋은 방법이다. 기지개는 등 근육에 자극을 주어 자는 도중 압박을 받기 쉬운 척추연골을 늘이는 데 도움이 된다. 특히 자는 동안에도 계속 자라는 척추와 다리 관절의 성장을 촉진시킨다.

유산소 운동

아이의 골밀도를 높이고, 뼈의 성장을 돕는 데는 유산소 운동의 역할이 크다. 성장호르몬의 분비를 돕는 운동으로는 줄넘기, 가벼운 조깅, 수영, 댄스, 배구, 테니스, 농구, 단거리 달리기, 배드민턴 등이 있다. 유산소 운동을 할 때에는 복합적으로 하는 게 좋다. 점프운동이 많으므로 성장판이 손상되지 않게 콘크리트나 아스팔트 바닥을 피하고 쿠션이 있는 곳에서 하도록 한다. 씨름, 레슬링, 유도, 마라톤, 럭비 같은 높은 강도의 운동은 성장판을 손상시킬 수 있으므로 주의한다.

농구는 여러 명이 하기 때문에 지루하지 않고 재미있다. 게다가 무릎을 굽혔다 폈다 반복하고 가볍게 워킹하는 동작이 많아서 키 크는 운동으로 적합하다. 수영과 러닝머신은 1시간을 기준으로 칼로리 소모량을 비교할 때 러닝머신은 200칼로리, 수영은 400칼로리가 소모된다. 그만큼 수영은 운동 효과가 크다고 할 수 있다. 조깅은 다리 관절에 균형을 잡아주며 성장에 큰 영향을 미친다. 유산소 운동은 나중에 따로 관절 운동을 하지 않아도 될 만큼 건강한 생활의 밑거름이 되므로 평소 꾸준히 하는 것이 중요하다.

근력 운동

근육에도 뼈처럼 성장판이 있다. 관절운동으로 근육이 수축·이완

운동할 때 유의할 점

- 모든 환경요인이 그렇듯이 며칠 운동했다고 키가 자라는 것은 아니다. 일주일에 적어도 3회 이상은 꾸준히, 6개월 이상 해야 운동으로 인한 성장 효과를 기대할 수 있다.
- 기진맥진하도록 무리하게 운동하지 않는다. 너무 힘들게 하면 운동 효과가 떨어질 수 있다.
- 식사 후 바로 하는 것보다는 소화가 조금 된 후에 하는 것이 좋다.
- 운동의 정도는 이마와 몸에 약간의 땀이 나는 정도까지 하는 게 좋다.

해 성장판이 자극을 받으면 근육세포가 자란다. 근력 운동의 효과는 몸의 근육량을 증대시켜 성장판을 자극하고 에너지 소비를 증가시키는데, 기초대사량이 늘어나면 체중조절에도 도움을 주어 1석 3조의 효과를 얻을 수 있다. 성장기 때 근력 운동은 성장판 손상과 부상 위험이 적은 게 좋다. 적당한 근력 운동으로는 팔굽혀 펴기, 윗몸 일으키기, 앉았다 일어나기가 있다.

성장판을 자극하는 최고의 운동, 줄넘기

운동자극 효과를 극대화시키는 운동 가운데 줄넘기는 좁은 공간에서도 할 수 있어 손쉬울 뿐 아니라 성장판 자극에도 최적인 운동법으로 알려져 있다. 특히 하체를 많이 사용하고 골반과 무릎의 성장판을 위아래로 자극해 세포 분열을 왕성하게 하기 때문에 성장에 많은 도움이 된다.

키 성장 최고의 운동인 줄넘기만 매일 거르지 않고 해도 운동자극 효과를 높여 성장호르몬 분비를 촉진할 수 있다. 게다가 칼로리 소모까지 높은 유산소 운동이기 때문에 비만으로 인한 성조숙증 아이들에게도 권할 만하다.

줄넘기 운동효과 극대화 요령

줄넘기를 통해 운동자극 효과를 극대화하려면 요령을 제대로 알아야 한다. 우선 줄넘기는 관절과 발뒤꿈치 아킬레스건에 직결되는 운동이므로 최대한 바닥으로부터의 충격을 완화시켜주는 마룻바닥, 운동장, 공원 잔디밭 등에서 하는 게 좋다. 콘크리트 위에서라면 고무매트를 깔고 하는 게 좋고 발목에 충격이 덜 가도록 발바닥에 쿠션감이 있는 운동화를 꼭 신어줘야 한다.

또한 줄넘기를 할 때에는 한 번에 몇 백 개씩 무리하게 하기보다는 중간에 쉬었다가 다시 하는 것이 운동 효과를 높이는 데 도움이 된다. 처음에는 20~30회 정도 하다가 1~2분 쉬고 다시 점프하는 것이 바람직하다. 이후 개수를 늘려 100~200개씩 하고 2~3분 휴식 후 다시 운동 횟수를 늘린다. 하루에 1000~2000개가 적당하며 꾸준히 하는 것이 효과적이다.

날씨가 춥거나 더워 바깥에서 하는 줄넘기가 부담스럽다면 거실 등 실내에서 발가락이 있는 부분은 바닥에 붙이고 발뒤꿈치만 들어 올렸다 내렸다 하는 일명 '줄 없이 하는 줄넘기'도 좋은 운동이다.

성장을 위한 응용 줄넘기 요령

① 허리는 곧게 펴고 몸은 전방 15도 정도로 기울인다.

② 시선은 전방 5~10미터 주시하고 턱은 안쪽으로 살짝 당겨준다.

③ 무릎은 살짝 구부리고 앞으로 뛰듯이 줄넘기를 하되 발바닥은 뒤꿈치부터 지면에 닿도록 한다.

우리 아이 키 성장 1년 프로젝트

키가 자라는 패턴은 개인차가 있다. 키 작은 아이들에게는 성장을 방해하는 요소가 무엇인지 체크하고 그 원인부터 없애줘야 한다. 또한 봄, 여름, 가을, 겨울에 따른 생활 패턴에 따라 키 성장에 도움이 되는 생활습관을 길러주는 것이 중요하다. 그렇다면 1년을 주기로 건강하게 키 크는 프로젝트를 만들어 보면 어떨까?

- **1~2월 실내에서 열심히 운동** 겨울에는 기초대사량이 낮아져 체지방이 축적되기 쉽다. 체지방률이 높으면 혈중 콜레스테롤과 중성지방의 수치도 높아진다. 이들 성분은 성호르몬 분비를 촉진시켜 초경과 변성기를 앞당긴다. 실내에서 줄 없이 하는 줄넘기, 스트레칭 같은 운동을 꾸준히 하면서 성장판에 물리적인 자극을 줘야 한다. 아침과 잠들기 전 간단한 맨손 체조도 효과적이다. 아이가 활동량을 늘릴 수 있도록 이불 개기 등을 시키는 것도 좋다.

- **3~4월 알레르기 질환 예방** 환절기가 시작되면 천식, 비염, 아토피 같은 알

레르기 불청객이 찾아온다. 알레르기 질환은 아이의 건강과 키 성장을 방해한다. 천식, 비염 등 기관지 질환을 앓고 있을 경우 하루 7잔 이상의 물을 마시는 것이 좋다. 가래가 묽어져 쉽게 배출되고 기관지 점막이 부드러워지면서 호흡이 원활해지기 때문이다. 실내 습도 유지를 위해 가습기를 사용하거나 빨래, 젖은 수건, 어항 등을 두는 것도 좋다. 알레르기성 피부 질환이 있다면 샤워습관을 바꿔보자. 하루 한 번 10분 이내로 30도 정도의 미지근한 물로 씻고 물기가 마르기 전 보습제를 바른다.

- **5~6월 학기 중 스트레스 해소** 성장기에 스트레스를 지속적으로 받으면 또래보다 성호르몬 분비가 일찍 시작된다. 학기 중에는 책상다리를 하고 앉아 양손을 무릎 위에 놓고 손바닥을 위를 향하게 한 후 눈을 감고 코로 천천히 숨을 들이마셨다가 6초 동안 천천히 내쉬는 것을 다섯 번 이상 반복하면 스트레스를 조절하는 데 도움이 된다. 이 호흡법은 신장 기능을 강화시켜 뼈의 성장을 돕는다.

- **7~8월 쾌적한 잠자리 유지** 잠자리 온도는 18~20도가 적당하다. 온도가 너무 높으면 중추신경계가 흥분해 잠들기 힘들다. 그렇다고 에어컨이나 선풍기를 밤새 켜두면 감기에 걸리기 쉬우니 주의해야 한다. 점심 식사 후 30분 이내의 낮잠은 밤의 숙면을 돕는다. 잠자기 전 텔레비전 시청은 대뇌를 자극해 깊은 잠을 방해하므로 피하고 저녁식사는 가급적 잠들기 3시간 전에 마친다.

- **9~10월 식단 조절로 체중 관리** 성조숙증을 불러올 수 있는 소아비만을 막으려면 식단관리가 필수다. 비만인 아이의 식욕을 조절해주고 몸의 붓기를 빼주려면 율무를 이용한 음식이 도움이 된다. 율무는 몸에 불필요한 수분과 습기를 제거해주고 혈액 내 콜레스테롤을 낮춰 성조숙증 예방에 도움을 주기 때문이다. 단, 변비가 심하거나 소변이 잦은 사람은 많이 먹어서는 안 된다. 뼈를 튼튼하게 해주는 모과도 좋다.

- **11~12월 성장 발육 점검하기** 아이가 제대로 자라고 있는지 점검해볼 시기다. 성장 검진을 받기 전, 간단한 자가진단을 해본다. 자가진단에서 성장장애나 성조숙증일 확률이 높게 나오면 상담을 받아보는 것이 좋다. 이때에는 풍부한 임상경험이 있는 한의원을 찾도록 하고 번거롭더라도 세 곳 이상에서 검사받고 비교해보는 것이 좋다. 초경이나 변성기 시기를 예측해 성장 시기를 놓치지 않는 것이 가장 좋은 예방법이기 때문이다.

● 잊지 말자! 우리 아이 키 크는 생활습관 8가지

하나, 항상 올바른 자세로 앉도록 하고, 30분 이상 같은 자세를 유지하지 않도록 한다.
둘, 다리를 구부리고 앉으면 혈류순환에 방해가 된다. 되도록 곧게 편 상태로 앉게 한다.
셋, 편식은 금물. 모든 음식을 골고루 먹게 한다.
넷, 매일 스트레칭과 마사지를 통해 성장판을 자극해주고 유연성을 기른다.
다섯, 하루 8시간 이상 숙면을 취할 수 있게 해준다. 울거나 짜증내지 않고 기분 좋게 잠자리에 들 수 있도록 한다.

여섯, 성장호르몬은 밤 10시부터 새벽 2시 경에 가장 왕성하게 분비되므로 늦어도 10시에는 잠자리에 들게 하자.

일곱, 정기적으로 키와 체중을 측정하고, 키 성장에 나쁜 영향을 주는 질병은 조기에 찾아 치료해준다.

여덟, 아이를 늘 즐겁게 해주어 스트레스를 받지 않도록 한다.

아이의 성장은 코의 건강상태와도 큰 관련이 있다. 감기와 같은 가벼운 질병으로 여겨 간과하기 쉽지만 아이의 코에 문제가 생기면 면역력과 집중력이 떨어져 학습장애, 의욕상실 등에 시달리고, 만성 식욕부진으로 입맛이 떨어진다. 또한 수면의 질도 떨어져 성장이 둔화될 수밖에 없다. 이번 파트에서는 코 질환이 성장에 미치는 영향, 코 건강에 좋은 생활수칙 등 우리 아이들이 건강하게 키를 키울 수 있는 코에 대한 모든 것을 살펴보고자 한다.

PART 3

코로 숨 쉬면 키도 쑥쑥! 몸도 튼튼!

코 건강이
키 성장에 미치는 영향

　현재 만성 비염으로 치료를 받고 있는 초등학교 3학년 준서는 또래에 비해 체격이 왜소해 늘 부모님이 걱정하고 있다. 반에서 키가 작은 편인데다 작년 한 해 동안 또래 친구들이 자라는 속도에 비해 키가 덜 자라는 듯해 준서의 성장판 검사와 체격을 측정해보았다.
　보통 성장장애로 인식하는 경우는 성장 백분위가 3퍼센트 이하이거나, 표준 신장보다 10센티미터 작은 경우, 혹은 반에서 키 번호가 1~3번 정도일 때다. 준서의 경우 성장 백분위가 31퍼센트로, 성장장애로 인식되지는 않았다. 다만 체중 백분위는 이보다 작은 17퍼센트로 마른 체형을 가지고 있었다.
　성장판 검사도 해보았지만 준서의 뼈나이는 자신의 나이에 맞추어 적절하게 나타났다. 키에 미치는 영향은 유전적인 면이 강하므로 두 부모님의 키도 살펴보았으나 두 분 모두 평균적인 신장이라서 준서 역시 평균 신장까지는 자랄 가능성이 높았다. 그렇다면 준서가 또래보다 키가 작은 원인은 무엇일까?

코 건강에 문제가 있으면 성장도 성적도 뚝뚝!

문진을 통해 준서를 면밀히 검사해본 결과, 준서의 키 성장에 영향을 미치는 심각한 문제점을 발견할 수 있었다. 준서는 만 3세경부터 만성 비염으로 늘 코가 막혀 있었고, 코막힘으로 인해 잠도 잘 자지 못했던 것이다. 비염이 있는 환자의 경우 코막힘으로 인해 수면장애가 생겨서 성장호르몬 분비에 영향을 받는 경우가 많고, 또한 코막힘 탓에 냄새와 맛을 못 느껴 식욕이 저하되는 경우도 많기 때문이다.

준서의 경우에서 보듯이 성장기의 아이에게 코 건강은 키의 성장과 직결되는 중요한 문제다. 코에 이상이 생기면 기도가 좁아져서 호흡량이 줄어들고 깊은 잠을 자지 못하고 자주 깬다. 깊은 잠이 들었을 때 뇌하수체에서 성장호르몬이 분비되는데 잠을 설치면 성장호르몬 분비가 제대로 되지 않는다. 게다가 낮보다 밤에 코가 더 자주 막히기 때문에 수면장애의 큰 원인이 된다. 코 알레르기나 축농증 등에 의해 코막힘이 심해지면 음식 냄새를 잘 맡지 못하기 때문에 자연히 식욕 역시 떨어지게 된다. 잘 먹어야 영양이 골고루 섭취되고 쑥쑥 자랄 수 있는데 먹지 않으니 발육에 지장을 줄 수밖에 없다.

코막힘은 뇌에도 영향을 미친다. 코가 막히면 자연히 입을 통한 호흡에 의존하게 되는데, 입으로 숨을 쉬면 산소 섭취량이 감소되므로 무의식적으로 많은 공기를 흡입하게 된다. 그러다 보면 자연스럽게 흉곽의 압력이 높아지고 심장이 압박을 받게 된다. 압박을 받은 심장은 혈액 순환 장애를 일으키게 되고 결국 뇌로 공급되는 혈액의 양이 감소하는 현상으로 이어진다. 결국 코가 건강하지 못하면 뇌로 가는 산소량이 크게 부족해 기억력과 집중력 역시 떨어지게 되는 것이다. 입으로 숨을 쉬면 코로 숨을 쉬는 것에 비해 뇌에 25퍼센트밖에 산소공급이 되지 않는다는 연구결과도 있다.

이처럼 코막힘을 동반한 코 질환은 아이의 키 성장과 뇌의 발달에 큰 영향을 미칠 수 있기 때문에 결코 간과해서는 안 된다. 2008년 환경부 자료에 따르면 우리나라 초등학생 3명 중 1명이 비염을 앓고 있을 정도로 코 질환은 흔한 질병이 되었다. 또 비염과 천식, 축농증, 아토피 피부염 증상이 있는 초등학생과 중학생 200명을 대상으로 조사한 결과 절반이 넘는 102명이 저신장증인 것으로 나타났다. 앞서 말했듯이 저신장증이란 100명 중 키가 작은 순서로 세 번째 안에 드는 경우다.

또한 성장기에 감기를 한 번 앓을 때마다 성장이 2주간 멈춘다는 보고도 있다. 이 보고에 따르면 1년에 2회 이상 감기에 걸리게 되면 4주 이상 성장이 멈춰 키가 자라지 않는 것과 마찬가지 결과를 나타낸다. 따라서 성장기 자녀를 둔 부모들이라면 키 크는 데 좋다는 여러 가지 방법을 찾아 헤매기보다 무심코 넘어갈 수 있는 성장을 저해하는 요소를 찾아내 효과적으로 치료하는 것이 바람직하다. 성장판이 닫히는 사춘기 이전에 감기 외에 비염, 천식, 아토피 등 알레르기성 질환을 치료해 몸의 모든 기관이 성장에 집중할 수 있도록 해야 한다.

코가 행복해지는 생활습관

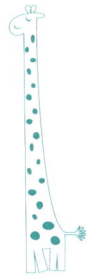

아이들은 성인에 비해 면역력이 약하고 유해한 환경에 민감하다. 때문에 코 질환에 쉽게 걸릴 수밖에 없다. 그러므로 평소에 깨끗하고 쾌적한 환경을 조성하고 건강한 습관을 들여 코 건강을 지키고, 코막힘, 재채기, 콧물 등이 반복되는 코 질환의 증상을 완화시켜야 한다. 특히 아이들은 스스로 환경을 조절하는 능력이 부족하기 때문에 부모의 노력이 매우 중요하다.

아침저녁 일교차가 커지는 환절기

아침저녁으로 일교차가 커지는 환절기에는 알레르기성 코 질환이나 피부 질환의 증상이 심해질 수 있다. 알레르기성 코 질환과 피부 질환은 아이가 깊은 잠을 자지 못하게 해 성장에 지대한 영향을 미친다. 따라서 환절기에는 좀 더 세심하게 생활습관을 점검할 필요가 있다.

충분한 수분을 섭취한다

물을 많이 마시면 가래가 묽어져 쉽게 배출되며 기관지 점막을 부드럽게 해 아이가 보다 쉽게 호흡할 수 있도록 해준다. 적어도 하루 7잔 이상은 물을 먹도록 하자.

실내 환기 및 습도 유지에 신경 쓴다

가습기나 빨래, 젖은 수건뿐만 아니라 화분, 어항 등도 실내 습도를 유지해주는 데 일조한다. 알레르기성 비염이나 천식은 특히 가족력을 가지고 있는 사람에게 많으므로 온 가족의 기관지 질환 관리를 위해서라도 집안의 습도와 환기에 신경을 쓰도록 한다.

외출 시 마스크를 쓴다

꽃가루나 황사가 심할 경우 외출을 삼간다. 아이에게 온갖 약을 먹이면서도 외출 시 황사 방지용 마스크를 씌우는 부모는 의외로 드물다. 아이가 어릴 경우 습관이 될 수 있도록 부모가 도와줘야 한다.

제철 식품을 섭취한다

제철 음식을 섭취해 적절한 영향을 공급하는 것이 중요하다. 비타민과 미네랄이 풍부한 채소나 나물, 과일은 기관지 질환의 예방과 치료에 도움이 된다. 양질의 단백질이 풍부한 닭가슴살, 소고기 등은 기관지 질환으로 상한 점막 세포의 재생에 효과적이다.

자주 하는 샤워는 금물! 보습제를 충분히 바른다

참고로 알레르기성 피부 질환으로 피부가 벌겋게 달아올라 있거나 건조감이 심한 경우에는 냉장고에 천연화장품을 넣어두었다가 가볍게 발라주는 것도 도움이 된다. 샤워를 자주 하는 것은 피부를 더 건조하게 해 간지러움을 심하게 만드는 원인이 되므로 하루에 한 번 10분 이내로 30도 이내의 미지근한 물에 씻고 물기가 마르기 전에 보습제를 충분히 바르도록 한다.

에어컨 사용이 느는 여름

장마가 지나가고 본격적인 여름 더위가 시작되면 에어컨 사용이 늘게 되고 이에 따라 코막힘, 재채기, 콧물로 고생하는 아이들을 볼 수 있다. 실내와 실외를 오가게 되면서 코 내부의 점막도 온도차로 생기는 팽창과 수축으로 인한 자극뿐만 아니라 에어컨 바람을 타고 나오는 다양한 세균과 오염물질로 인한 자극도 많이 받는다.

특히 알레르기 비염의 증상은 발작적인 재채기, 맑은 콧물, 코막힘의 주요 증상과 눈을 포함한 코 주위의 가려움증 및 두통을 동반하기도 한다. 증상이 심해지면 15퍼센트 정도가 합병증으로 부비동염, 중이염, 인두염이 발병되기도 하며 쉽게 피곤해지는 무기력감을 가져온다.

만일 여름철에 비염이 심해진다면 대개가 다양한 곰팡이 균이 원인일 경우가 많다. 곰팡이 서식환경이 좋아지는 계절이 여름철이기 때문이다. 특히 장마절에는 실내 환기에 신경을 써야 한다. 수시로 창문을 열어 환기를 시키고 외출한 후에는 반드시 손을 씻고 샤워를 하는 습관을 갖도록 해야 한다.

청결하고 위생적인 환경은 기본

비염을 비롯한 코 질환은 실내에 떠다니는 미세먼지나 집먼지 진드기, 곰팡이 등에 의해 악화된다. 따라서 집먼지 진드기가 서식하기 쉬운 카펫이나 러그 등은 사용하지 않는 것이 좋고 침구나 소파, 커튼 등 먼지가 쌓이기 쉬운 가정용품들은 수시로 털고 일광 소독을 해야 한다. 욕실이나 싱크대 등은 사용 후 물기를 제거해 곰팡이가 생기지 않도록 관리한다.

실내 온도는 18~22도, 습도는 40~50퍼센트로 유지

비염 환자에게 적합한 실내 온도는 18~22도, 습도는 40~50퍼센트다. 콧속 점막이 촉촉해야 코의 정화활동 역시 원활하게 이루어진다는 것을 기억하고 적정 온도와 습도 유지에 신경을 써야 한다. 여름에는 에어컨이나 선풍기 바람을 직접 쐬지 않도록 하고 겨울에는 수시로 환기를 해 실내 공기를 바꿔줘야 한다.

위생관리 철저히 하기

땀을 흘리는 더운 여름의 경우 아이들의 위생관리는 더욱 철저히 해야 한다. 외출 후에는 가벼운 샤워를 통해 몸을 청결히 하고 양치질을 하는 습관을 들이도록 한다.

알레르기 비염, 소아천식 등 알레르기 질환의 모든 것

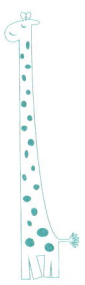

비염으로 고통받고 있는 아이에게 부모들은 훌쩍거리는 것도 습관이라며 애꿎게 나무라는 경우가 있다. 초등학교 2학년 영윤이 또한 시도 때도 없이 킁킁대고 훌쩍거려 엄마에게 자주 혼이 났다. 처음에는 습관이 나쁜 것으로 알고 아이를 혼냈지만, 얼마 후 아이가 코가 막혀 숨 쉬는 것조차 힘들어하는 것을 보고 결국 한의원을 찾아 알레르기성 비염이라는 진단을 받았다.

또 한 번은 6살 채원이가 엄마와 함께 내원한 적이 있다. 엄마는 아이가 허약하게 태어나서 감기에 자주 걸리고 한번 걸리면 오래 가서 보약을 해주고 싶다고 했다. 하지만 진단 결과 채원이는 감기가 아닌 소아천식으로 밝혀졌다.

영윤이나 채원이뿐만 아니라 많은 아이들이 알레르기성 비염이나 소아천식 등으로 고통받고 있다. 하지만 부모들은 이들 질환을 가벼운 감기 등 대수롭지 않은 병으로 판단해 감기약을 먹이곤 한다. 물론 열이 나거나 콧물, 인후통 등을 동반하며 기침을 하는 아이들은 감기로 볼 수 있으며 수일 내에 증상이 완화된다. 하지만 3주 이상 밤잠을 설치고 마른기침을 하면서 가슴이 답답하다고 한다거나 쌕쌕거리는 숨소리 등의 증상이 나타난다면 천식을, 코가 찝찝해 코를 자주 풀게 되고 코가 막혀 입으로 숨을 쉰다면 비염을 의심해봐야 한다.

코가 안 좋은 아이들은 공통적으로 비염, 천식, 축농증뿐만 아니라 아토피 피부염의 발생빈도가 높고 뇌기능이 저하되어 학습능률이 떨어지며 성장발육에 장애를 받고 치아 부정교합으로 얼굴형이 변하게 된다. 이 중 알레르기 비염이나 소아천식 등은 만만히 보고 방심하다가는 자칫 치료 시기를 놓쳐서 만성으로 진행되기 쉽기 때문에 조기에 치료해야 한다.

알레르기성 비염의 모든 것

알레르기성 비염이란 다양한 알레르기 유발 인자로 인한 과민반응이 코에 나타나는 현상을 말한다. 눈과 코 점막은 몸에서 가장 약한 부위로 알레르기 반응도 이곳에 집중적으로 나타난다. 이때 나타나는 증상으로 코막힘, 발작적인 재채기, 맑은 콧물과 눈 가려움증이 있다. 이 밖에도 머리가 무겁거나 두통 증세가 나타나기도 하고 눈이 빨갛게 충혈되거나 이유 없이 눈물이 나기도 하며 코 주위가 가렵고 후각이 감퇴하는 등의 증상도 나타날 수 있다. 이 중 실제 환자들이 가장 불편해하는 증상은 코가 찝찝해 코를 자주 풀게 되고 코가 막혀 입으로 숨을 쉬는 것이다.

성장호르몬은 밤 10시에서 새벽 2시에 가장 많이 분비되는데, 코막힘으로 인해 얕은 잠을 자고 자주 깨게 되면 성장호르몬의 분비는 떨어질 수밖에 없다. 또한 비염이 있는 아이들은 밥을 잘 먹지 않는 경향이 있다. 후각 기능이 떨어져 음식 냄새를 잘 맡지 못하고 잦은 감기로 비위 기능이 떨어지기 때문이다. 또한 비염은 2차적으로 기관지염을 일으키고 폐를 약하게 해, 심한 경우 조금만 움직여도 숨이 차 운동을 멀리하게 만든다. 뿐만 아니라 비염을 오래 앓게 되면 정서적으로 신경이 예민해지고 내성적이고 소극적인 성격으로 바뀌기 쉽다.

알레르기 비염은 알레르기 천식과 함께 유전적 요인과 환경적 요인이 합쳐져서 생기는 대표적인 알레르기 질환이다. 부모로부터 물려받은 알레르기 체질과 주의의 천식 유발 요소들이 상호작용을 일으켜 나타나므로, 약을 복용해 증상을 완화시키려고만 해서는 안 된다. 꾸준히 주변의 환경을 청결히 하고 생활습관을 바꿔나감은 물론, 체질을 개선하고 면역력을 키워줄 때만이 완쾌가 가능하다. 특히 아이들의 경우 스스로 체온을 관리하거나 컨디션을 조절하지 못하므로 이처럼 환경의 영향을 받는 질환의 경우 부모의 지속적인 관심이 꼭 필요하다.

봄, 가을에 급증하는 알레르기 비염의 원인은 꽃가루와 진드기

봄과 가을은 낮과 밤의 기온차가 큰 환절기로 우리 몸의 체온 역시 급격한 변화를 겪게 된다. 특히 체온이 1도 낮아지면 면역력은 두 배 이상 낮아지고, 여기에 밤낮의 기온차로 인해 저항력이 떨어지면서 가장 먼저 발생하는 질환이 바로 비염이다.

알레르기 비염은 대부분 꽃가루와 진드기가 주원인이다. 봄과 가을은 환절기로 큰 일교차로 인해 문을 닫고 살기 시작하면서 집안에 진드기가 점차 많이 증식을 하고 동시에 꽃가루마저 추가되면서 비염이 더욱 심해지게 된다.

국민건강보험공단이 '계절성 알레르기 비염' 현황을 분석한 결과를 보면 지난 2006년에 29만 명이 비염 진료를 받았으나 2010년에는 그 수가 52만 명으로 증가해 최근 5년간 연평균 15.4퍼센트씩이나 환자가 증가한 것으로 나타났다. 이 중 전월대비 증가율을 살펴보면 9월이 179.2퍼센트로 가장 높은 증가율을 기록, 환절기인 9월부터 비염을 달고 사는 사람들이 급증한다는 것을 알 수 있다.

또한 우리나라 초등학생 3명 중 1명이 비염을 앓고 있는 것으로 조사되었는데 이는 비염 증상이 감기와 비슷해 비염을 인지하지 못하고 치료 시기를 놓치기 때문이다. 2010년을 기준으로 인구 10만 명당 진료인원을 연령대별로 보면 0~19세가 1598명, 20~39세가 955명, 40~59세가 867명, 60~79세가 924명, 80세 이상이 634명으로 19세 미만의 청소년이 가장 많은 진료를 받았다.

알레르기 비염 예방 수칙

알레르기 비염을 예방하려면 먼저 집먼지, 곰팡이, 꽃가루, 담배 연기나 매연과 같은 외부 환경요인을 철저히 차단하고 환기와 청소를 자주 해야 한다. 더불어 유해한 화학성분을 최대한 피하고 스트레스를 줄이는 것이 좋다. 뿐만 아니라 꽃가루가 많은 계절에는 창문을 닫고 외출할 때에는 마스크를 착용하며 애완동물들이 원인인 경우에는 애완동물을 기르지 말아야 한다.

이밖에도 집먼지 진드기가 많이 서식하는 침대, 이불, 베개, 담요 등 먼지가 쉽게 끼거나 방출되는 물건은 지퍼가 달린 커버를 사용하고 커버는 삶도록 한다. 특수 필터가 장착된 진공청소기를 이용한 실내청소

단순성 만성 비염과 급성 비염

- **단순성 만성 비염** 코 점막 안에 어떤 자극이 계속될 때, 급성 비염이 자주 반복되거나 오래되었을 때, 갑상선 기능장애가 있을 때 잘 나타난다. 주로 코막힘 증상이 나타나는데 좌우 교대로 막힌다. 낮보다 밤에 심하고 옆으로 누웠을 때는 아래쪽이 막힌다.

- **급성 비염** 코 점막 안이 곪거나 붓고 코막힘, 재채기, 콧물 등의 증상을 나타내는 급성 염증이다. 계절에 상관없이 나타나고 가을과 봄철에 특히 심하다. 원인은 주로 리노바이러스 때문이다. 5살 이하의 어린이들은 기도 윗부분의 림프조직이 약해 자주 발병하지만 성장하면서 발병 횟수는 줄어든다. 발병 후 보통 10일 전후로 좋아지는데 특별한 치료법은 없고 쉬면서 몸을 따뜻하게 해주고 물을 자주 마시면 된다.

도 도움이 된다. 또한 음식을 특별히 가려서 먹을 필요는 없지만 일부 환자는 특정 음식을 먹은 후 증상이 악화되는 경우가 있으므로 특정 음식을 먹은 후 반복적으로 증세가 나타나면 음식에 의한 것인지 확인해야 한다. 특히 우리나라에서는 메밀, 달걀, 꽃게, 우유, 새우, 복숭아, 밀가루 등이 알레르기를 일으키거나 증세를 악화시키는 음식물로 알려져 있으므로 주의를 기울이는 것이 좋다.

한방치료로 체질개선과 면역력을 키워주자

비염은 생명에 위협을 주는 질병이 아니므로 하찮게 생각할 수 있지만, 일상생활에 많은 영향을 주고 재발이 쉬운 질병이기 때문에 증상 치료에서 끝내는 것이 아니라 그 원인이 되는 부분을 찾아서 치료해야 한다. 한방에서는 알레르기를 외부로부터 신체를 방어하는 기능인 위기(衛氣)가 약한 상태에서 다양한 외부 요인에 감촉되어 발생하는 것으로 본다. 신체를 방어하는 위기는 곧 면역력이며, 이것이 장 건강과 직결된다는 것이다.

일단 알레르기 비염이 발생하면 가능한 초기에 원인을 파악해 치료하는 것이 중요하다. 혈액 검사나 피부도포 검사를 통해서 알레르기를 유발하는 원인을 찾아서 원인 물질을 제거하거나 회피하는 방법을 우선해야 한다. 그 다음에 증상 완화뿐 아니라 근본적인 치료를 위한 체질 개선에 목표를 두어야 한다. 알레르기에 잘 대응할 수 있는 체질로 변화시켜 면역시스템을 조절할 수 있는 능력을 키워주는 치료를 꾸준히 하면 된다.

소아천식의 모든 것

천식은 알레르기 염증에 의해 기관지가 반복적으로 좁아지는 만성 호흡기 질환이다. 기관지가 좁아져서 숨이 차고, 기침이 나며, 가슴에서 쌕쌕거리는 소리가 들리며, 가슴이 답답해지는 증상이 반복적으로 되풀이되면 천식을 의심해볼 필요가 있다. 우리나라 성인 인구의 5퍼센트 정도가 천식을 앓는 것으로 알려져 있으며, 전 세계적으로 환자 수가 증가하고 있다.

한방에서는 천식을 효천(哮喘)이라고 해서 폐, 신장이 허해져서 오는

어린이와 기침

어린이가 기침을 하는 이유는 두 가지가 있다. 기관이나 기관지 감염으로 인해 기침을 하는 경우가 있고, 바이러스 감염 후 기도가 외부자극(찬바람, 이상한 냄새, 먼지 등)에 민감하게 반응해 기침을 하는 경우가 있다. 감염으로 인한 기침의 경우 항염치료를 하면 된다. 바이러스 감염으로 인한 기침은 증상에 따라 치료를 하는데 한약이 치료 효과가 높다.

비염이나 비인두염에 걸릴 경우 비강내의 분비물이 많아지고, 분비물이 아래 인후로 흘러들어 인후부를 자극해 기침을 일으킨다. 이런 환자는 비강이 분비물로 막혀 있기 때문이다. 급만성 인후염증은 인후부를 자극해 기침을 일으킬 수 있으며, 가장 흔히 나타나는 증상은 자극성 마른기침이다.

병이라고 본다. 오래된 효천은 반드시 폐, 신장의 기능을 회복시키는 게 치료의 포인트다. 오줌싸개 어린이, 특히 야뇨증이 있는 어린이의 상당수가 비염이나 천식을 앓고 있는데 이는 선천적으로 신장의 기운이 허하기 때문이다.

소아천식의 경우 대부분이 비염을 함께 동반하며, 그 기본적인 증상은 성인과 비슷하다. 기도 안쪽이 부으면서 분비물이 증가해 원활하게 숨을 쉬지 못하기 때문에 가슴에서 쌕쌕거리는 소리가 나고 고통스러운 기침, 호흡곤란, 가슴이 답답한 느낌을 갖게 된다. 어린 아이의 경우 기도가 충분히 발달해 있지 않아 성인에 비해 막히기 쉬우므로 특히 신경 써야 한다.

천식을 일으키는 원인

천식을 일으키는 원인으로는 알레르기성, 기관지 자체의 질환에 의한 내인성, 바이러스 감염과 담배 연기, 자동차의 배기가스, 정신적인 요인 등 여러 가지를 들 수 있다. 이 중에서 아이들을 괴롭히는 주범은 바로 알레르기에 의한 경우다. 가족 중에 아토피 피부염, 비염 등 알레르기 질환이 있는 경우 천식이 발생할 가능성은 더욱 높다. 특히 아침저녁으로 찬바람이 불기 시작하고 건조한 날이 이어지는 환절기에는 황사, 꽃가루, 꽃샘추위와 같은 기후변화로 소아천식 환자가 급증한다. 집먼지, 진드기, 곰팡이균, 매연, 동물의 털 또한 천식의 원인으로 볼 수 있다.

소아천식 예방법

　천식을 예방하려면 알레르기를 일으키는 원인을 관리하고 제거해줘야 한다. 집먼지 진드기가 원인일 경우 가능한 한 카펫이나 소파의 사용을 자제하고 침구류 세탁을 잘해주고, 먼지가 날리지 않도록 물걸레질을 하고, 애완동물은 가급적 기르지 않는 것이 좋다. 황사나 꽃가루가 원인인 경우 외출을 가급적 피하고, 외출을 하더라도 마스크를 쓰는 것이 좋으며 병원 진료를 통해 꾸준히 관리와 치료를 해줘야 한다. 부모 중 한 명이 알레르기 질환을 가지고 있으면 아이에게 유전될 확률이 25퍼센트가 되고, 양쪽 모두 알레르기 질환을 가지고 있다면 유전 확률은 50퍼센트가 된다. 소아천식의 경우 생후 3개월부터 2세 사이에 주로 나타나며 6세 전에 대부분 발병한다. 따라서 아이가 쌕쌕거리는 숨소리나 호흡곤란이 있다면 병원에서 진단을 받아보는 것이 좋다.

천식환자에게 운동은 필요할까?

　정상인의 경우 운동을 하면 기관지가 확장되어 호흡이 쉬워진다. 그러나 천식환자에게 운동은 천식을 유발하는 인자로 작용하기 때문에 주의를 해야 한다. 물론 천식 환자에게도 심폐기능을 회복할 수 있는 여러 운동은 필요하다. 적절한 운동은 정신 건강과 육체적 건강을 위해 꼭 필요하며, 심폐기능을 강화해줄 뿐 아니라 많은 운동 유발성 천식의 빈도를 감소시켜줄 수 있고 천식으로부터 영원히 해방되게 해줄 수도 있기 때문이다.

　따라서 한의사의 지도에 따라 아이에게 알맞은 운동의 종류와 강도를 결정하고 꾸준히 시행한다면 약물에 대한 의존도를 줄이고 천식을 조절하고 극복하는 데 많은 도움이 될 것이다. 소아천식 환자에게 추천할 수 있는 운동으로는 걷기, 수영, 자전거타기, 스키, 롤러스케이팅, 계단오르내리기 등이 있다. 아이의 체력과 천식의 심한 정도에 따라 운동의 종류와 강도를 결정해야 할 것이다.

알고 있으면 좋은
코의 구조와 기능

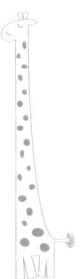

코는 호흡기관이 시작되는 부위다. 얼굴의 정중앙에 위치하고 돌출되어 있어 하루에도 몇 번씩 만지게 되는 매우 친숙한 기관이다. 하지만 코는 단순하게 보이는 겉모습과는 달리, 매우 복잡한 구조와 중요한 기능을 갖고 있다.

코의 가장 중요한 기능은 공기를 들이마셔서 기관지로 들여보내는 통로의 역할이다. 그와 동시에 몸 안으로 들어오는 공기의 온도와 습도를 조절하기도 하고 먼지나 세균을 걸러내기도 한다. 나아가 냄새를 맡는 일도 하고 울림 작용을 통해 성대에서 나온 음성에 변화를 주는 공명의 역할을 하기도 한다.

때문에 코가 건강하지 못하면 생활 자체가 힘들고 고통스럽다. 중대한 질병까지는 아니라 해도 감기에 걸려 코가 막히거나 콧물이 흐르기만 해도 엄청나게 짜증나고 머리가 멍해지는 것을 느껴본 적이 있을 것이다. 또 냄새를 잘 맡지 못하면 음식 맛을 제대로 알 수 없기 때문에 먹는 즐거움도 누릴 수 없게 된다.

코의 구조

그렇다면 사람의 코는 어떤 부위로 구성되어 있으며 어떤 구조로 이루어져 있을까? 코의 기능을 살피기에 앞서 코의 구조부터 간략하게 살펴보도록 하겠다. 사람의 코는 크게 두 부분으로 나뉜다. 겉으로 보이는 외비와 코 안의 공간인 비강이 그것이다. 먼저 겉모습부터 살펴보자.

코의 겉모습

코는 외부 골격의 뼈와 연골이 하나의 구조적 복합체를 이루어 모양을 결정짓는데, 크게 세 부분으로 나눌 수 있다. 코의 위쪽 3분의 1 부분은 한 쌍의 단단한 코뼈로 이루어져 있고, 가운데 3분의 1은 상부 연골 판 한 쌍으로 이루어져 있다. 이 중 상부 연골은 코의 외형을 결정할 뿐만 아니라 코의 안쪽에서 내부 밸브를 만드는 중요한 역할을 해 코로 숨을 쉴 때 공기의 흐름을 조절하는 일을 한다. 마지막으로 콧날 부분인 아래쪽 3분의 1은 'ㄱ' 모양의 연골 한 쌍으로 이루어져 있는데 콧구멍의 크기와 모양 등을 결정한다. 코는 아래로 내려올수록 부드럽고 말랑하다.

이처럼 코가 아래로 내려올수록 유연해지는 데는 과학적인 이유가 있다. 코는 사람의 얼굴 중 가장 돌출되어 있는 부위다. 이것은 외부 공기를 효율적으로 들이마시기 위해서다. 그러다보니 외부 자극에도 쉽게 노출되고 부상의 위험 또한 높다. 그런데 끝으로 갈수록 부드러운 연골 구조로 되어 있으면 어딘가에 부딪치더라도 부러질 확률이 줄어든다. 즉 돌출이라는 필연성과 부상 방지라는 필요성이 적절한 합의를 이룬 것이 지금의 코 모양인 셈이다.

코의 내부 모습

많은 사람들은 대개 '코의 공간' 하면 코안뜰이 모두인 줄 안다. 즉 손가락 끝이 도달할 수 있는 공간이 코 공간의 모두인 줄 아는 것이다. 하지만 실제는 그 뒤에 비강이라는 매우 넓은 공간이 있다. 매끈한 겉면에 비해 코의 안쪽 사정은 훨씬 복잡하다.

콧속은 크게 비강과 부비동으로 나뉜다. 비강은 양쪽 콧구멍 안쪽에서 목젖 뒤 비인강까지의 넓은 공간이다. 비강 안에는 조롱박 모양의 살점이 세 쌍 있는데, 각각 상비갑개, 중비갑개, 하비갑개라는 이름을 갖고 있다. 코 건강에 문제가 느껴질 때, 보통 이 비갑개에 문제가 생긴 것으로 보면 크게 틀리지 않는다. 특히 감기를 자주 앓으면 비갑개 조직이 붓거나 커지는데, 이 상태가 지속되면 비갑개가 비대해지면서 비강 속 공간이 좁아진다. 코가 답답하거나 호흡이 곤란하다고 느껴지는 것은 바로 이 때문이다.

또한 비갑개에 염증이 생기면 분비물이 생겨, 이것이 목 뒤로 흘러 넘어가는 증상이 나타나게 된다. 이러한 증상을 보이는 것이 바로 비염이다. 즉 비갑개 구조물에 염증이 생긴 것이 비염이라고 이해하면 쉽다.

다음으로 부비동은 코 주위의 뼈 안쪽에서 비강 주위를 둘러싸고 있는 네 쌍의 공기주머니를 가리킨다. 뺨 부위에 있는 상악동, 이마 부위에 있는 전두동, 두 눈 사이에 있는 사골동, 콧구멍 가장 뒤쪽 뇌 속에 자리한 접형동 등이 그것이다. 여기에 염증이 생기는 질병이 부비동염, 즉 축농증이다.

그 외에 비중격이라 해 콧구멍을 좌우로 나누는 칸막이격인 뼈가 있다. 코 안에는 여러 개의 동맥이 흐르고 있는데, 특히 비중격 앞쪽 아래에 혈관이 복잡하게 얽혀 있다. 대부분의 코피가 여기에서 난다.

생각보다 다양한 코의 메커니즘

코의 기능은 숨 쉬는 과정을 따라가보면 어느 정도 파악할 수 있다. 가장 먼저 공기가 콧구멍을 거쳐 둥그렇게 생긴 콧방울 안으로 들어간 뒤 코안뜰이라 할 수 있는 비전정으로 들어간다. 공기는 바로 이곳에서 습기와 온기를 얻어 우리 몸이 받아들이기 좋은 상태로 바뀐다. 이후 공기는 좁은 틈새를 타고 비강까지 들어가는데, 그 사이에는 굵은 코털이 있어 코안뜰에서 걸러내지 못한 먼지 등의 불순물을 물리적으로 제거한다. 이때 코털은 공기정화작용을 하는 필터라고 생각하면 된다.

이렇게 비강으로 들어간 공기는 비갑개를 순서대로 지나며 기도로 나아간다. 이때 비강은 공기정화장치를 갖춘 에어컨디셔너 역할을 한다. 즉 들어온 공기가 콧구멍으로 바로 들어가지 않고 세 번의 소용돌이를 일으키며 서서히 들어가는 동안 점액이 풍부한 비점막과 접촉해 좀 더 많은 습기와 온기를 포함하도록 하는 것이다. 여기에 더해 코안뜰에서 미처 제거하지 못한 화학물질까지 깨끗하게 제거해 우리 몸에 신선한 공기를 공급해준다.

냄새를 맡는 후각 수용기인 후상피 역시 비강 윗부분 점막에 분포해 있다. 공기는 보통 비강 아래쪽으로 흘러가지만 후각을 자극하는 물질은 휘발성이 있어서 가스 상태로 확산되어 점막에 도달한다. 이때 비염이 발병해 비강에 문제가 생기면 냄새를 제대로 맡을 수 없게 되는 것이다. 냄새를 맡거나 몸속에 깨끗한 공기를 들여보내는 기능만으로도 코 건강의 중요성은 충분히 설명된다.

코에 이상이 생겨 이러한 기능을 제대로 하지 못하면 점막에 균이 쉽게 감염되어 여러 가지 호흡기 관련 질환이나 비염에 걸리게 되고, 가깝게는 우리가 흔히 알고 있고 또 생활하면서 많은 불편을 느끼는 코골이의 원인이 될 수도 있다.

코의 기능

이번에는 우리가 알고 있거나 또는 미처 모르고 있던 코의 다양한 기능에 대해서 정리하고 넘어가도록 하자.

호흡 기능

코는 우리가 호흡을 할 때 마시는 공기의 통로 역할을 한다. 코로 유입된 공기는 인두와 후두를 거쳐 기관지를 통해 폐에 신선한 산소를 공급하며, 몸속에서 만들어진 탄산가스 또한 코를 통해 배출된다.

온도 조절 및 가습 작용

코는 우리가 더운 공기나 차가운 공기를 흡입하였을 때 고유비강에서 온도가 30~32도 정도가 되고 동시에 습도도 75~85퍼센트 정도가 되도록 마시는 공기의 온도와 습도를 조절해준다. 이는 폐로 들어가기 전에 적절한 온도와 습도로 조절해주는 작용이다. 콧속에서 발생되는 점액질은 하루에 약 1리터 정도 되며, 콧속의 습도를 조절하고 남은 점액은 콧물의 형태로 배출된다. 이때 콧속이 너무 건조해 습도가 부족하면 코의 섬모운동이 둔화되어 감기에 걸리거나 축농증에 걸리기 쉽다.

후각 기능

보통 우리가 코의 기능이라 하면 제일 먼저 떠올리게 되는 것이 냄새를 맡는 기능이다. 후각은 우리 몸의 다섯 가지 감각(시각, 청각, 촉각, 후각, 미각) 중 아주 적은 양의 물질만 있어도 감지를 할 수 있는 가장 예민한 감각이다. 하지만 다섯 가지 감각 중 가장 피로해지기 쉬운 감각이기도 해서, 악취 등을 오래 맡게 되면 나중엔 그 냄새를 잘 느끼지 못하는 것은 이러한 이유 때문이다. 사람의 콧속에 분포하고 있는 후각 세포는 5만여 개로, 이들 후각 세포는 주로 코 천장 부분에 분포하고 있으며 후각 신경을 통해서 냄새를 뇌로 전달한다. 우리는 평균 4000여 종의 냄새를 식별할 수 있으며, 탁월한 후각을 타고난 사람들이나 훈련을 받은 조향사들은 1만여 종의 냄새를 구분할 수 있다고 한다.

자가정화 및 방어 작용

코는 공기 중의 먼지나 세균 등의 이물질을 정화하는 자가정화 작용을 하고 있어서 이물질이 폐로 유입되는 것을 막는 중요한 역할을 한다. 이 과정에서 코털과 작은 섬모들, 부비동 속에 있는 호흡 섬모, 점액층이 동원되어 각자의 역할을 수행한다. 점액층에 달라붙은 이물질은 재채기 같은 신경반사를 통해 배출되거나 콧속에서 분비되는 점액에 의해 목구멍 뒤쪽으로 운반되어서 목으로 넘어간다. 또 그중 일부는 코딱지나 콧물에 섞여 배출되기도 한다.

성음 기능

코의 또 다른 기능은 우리의 목소리를 만드는 성음(成音) 기능이다. 코는 우리가 목소리를 낼 때 공명기로서의 역할을 한다. 내뱉는 숨이 성대를 진동시키면서 소리가 발생하는데 인두, 구강, 비강을 통해 공명이 되면서 저마다의 특유한 음색이 만들어진다. 코에 병이 있어 코가 막히거나 아데노이드 비대 등으로 공명 작용이 제대로 이루어지지 않으면 코맹맹이 소리가 나기도 한다. 이때 비알레르기, 비후성 비염, 부비동염, 아데노이드 증식증으로 나오는 음성을 폐쇄성 비음이라고 하고, 구개 파열이나 연구개 마비 때 나오는 음성을 개방성 비음이라고 한다.

엄마가 진단하는
증상별 코 질환

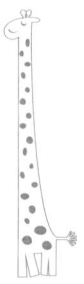

아이들은 코가 잘 막혀 숨 쉬기 힘들어 하거나 콧물이 줄줄 흐르는 등 코 질환이 잦다. 잦은 콧물이나 재채기는 원만한 또래 관계를 만드는 데 방해가 되고 정서 불안을 일으키거나 소심하고 우울한 성격을 만들기도 한다. 아이들의 코 건강이 육체적 성장뿐만 아니라 인격 형성이나 대인관계에까지 영향을 미치는 셈이다.

단순한 감기로 치부해 제대로 치료하지 않는 경우가 많지만 아이들의 성장과 건강, 학업 성적까지 좌우하는 질환인 만큼 반드시 제대로 된 치료를 받아야 한다. 평소 아이가 코와 관련해 다음과 같은 증상을 보일 때에는 세심하게 관찰하고, 필요한 경우 전문한의사를 찾아가 치료를 받는 것이 좋다. 여기에서는 코 질환이 있을 때 주로 보이는 증상을 알아보고 이에 따른 코 관리법에는 어떤 것들이 있는지 살펴보도록 하겠다.

코가 답답하고 아파요

급성 혹은 만성 축농증이나 알레르기성 비염, 종양 등이 있을 때 나타나는 증상이다. 특히 소아의 경우에는 코 안이 건조할 때에도 이 같은 증상을 보인다. 실내가 너무 건조한 것은 아닌지 살펴 습도를 맞춰주고 함께 나타나는 코 증상이 있을 때는 한의사와 상담하는 것이 좋다.

맑은 콧물과 재채기가 심해요

전형적인 비염 증상으로 코감기(급성 비염) 때문에 올 수도 있으며, 일년 내내 혹은 매년 반복해서 환절기에 나타날 경우에는 알레르기 비염을 의심할 수 있다. 비염은 크게 알레르기성과 비알레르기성으로 나눌 수 있으며 원인은 매우 다양하다. 진단을 위해서는 피부반응 검사 등의 알레르기 검사가 필요하다. 단순한 급성 비염인 경우에는 감기가 나아지면서 저절로 없어지는 경우가 많지만 필요한 경우 전문의의 치료가 필요하다. 감기에 잘 걸리는 아이들은 찬 공기, 찬 음식, 집먼지 진드기, 자극적인 냄새 등이 콧물이 흐르게 하는 원인이 될 수 있으므로 원인을 찾아 없애주도록 한다.

누런 콧물이 나와요

축농증으로 알려진 부비동염의 주된 증상이다. 부비농이란 우리 얼굴의 양쪽 볼과 이마 등에 위치하고 있는 공기주머니다. 대개 감기를 앓고 난 뒤 이곳에 염증이 생기는 경우가 많다. 급성일 경우에는 누런 콧물과 함께 발열, 안면과 눈 주위의 통증, 두통 등의 증상이 나타난다. 눈 주위가 붓거나 시력이 떨어지는 등의 합병증을 동반할 수 있고, 특히 급성 부비동염은 심각한 합병증을 유발할 수 있으니 가급적 빨리 치료하는 것이 좋다.

코가 가려워서 손이 자주 가요

비강 내 점막이 건조하거나 알레르기성 비염이 있을 때 이런 증상이 나타난다. 이때 가장 중요한 것은 생활환경을 조절하는 것이다. 실내를 청결하게 하고 적절한 습도와 온도를 유지해주며 코에 손을 대지 못하게 해서 2차 감염을 막아야 한다. 구조적 기형이 아니라면 약물 복용이나 코 분무제 등으로 간단히 해결할 수 있다.

코가 자주 막혀요

염증 등으로 코 점막이 부어 있는 상태인 비염, 그리고 비염을 제때에 치료하지 않아 부비동에 염증이 생겨 짠득하고 누런 콧물이 발현하는 부비동염(축농증), 코 안의 좌우를 나누는 연골인 비중격이 한쪽으로 치우친 경우인 비중격만곡증, 또는 물혹이나 종양 등이 있을 때 나타나는 증상이다. 코감기에 의한 코막힘은 바이러스에 의한 급성 비염이며, 염증으로 인해서 코의 점막이 붓고 콧물 같은 분비물이 증가하기 때문에 발생한다. 만성적으로 코가 막혀 있다면 알레르기 비염을 포함한 만성 비염, 만성 부비동염, 비중격만곡증 등을 의심해봐야 한다. 어

 코 풀기 요령

코는 귀와 입으로도 연결되어 있는 기관이기 때문에 코를 푸는 데에도 요령이 필요하다. 잘못 풀 경우 귀에 무리가 갈 수도 있다.

먼저 코를 풀 때는 입을 벌리게 하고 한쪽 콧구멍을 막아 살살 풀게 한다. 그런 다음 침을 삼키고 숨도 쉬게 해주어 귀가 멍멍하지 않도록 한다. 반대쪽 코도 같은 방법으로 시행한다.

콧속에 코딱지가 가득할 때

코딱지가 콧속에 가득하면 숨쉬기가 힘들어진다. 하지만 코딱지를 제거할 때에는 손이나 면봉으로 파내려고 하지 말고 스팀 타월 증기나 가습기 증기를 들이마시게 해야 한다. 손가락이나 면봉, 집게로 코딱지를 무리하게 잡아당기면 코에 자극을 줄 수 있기 때문이다.

① 스팀 타월, 가습기 증기를 쐬어준다: 증기를 아이의 코 밑에 대고 들이마시게 해 코딱지를 불린 후 빼낸다.
② 생리식염수를 이용한다: 생리식염수를 떨어뜨려 코딱지가 불면 코를 풀게 하거나 재채기를 유발시켜 빼낸다.

린이의 경우는 코 안의 염증뿐만 아니라 목과 코 사이에 있는 편도선이 코막힘을 초래하는 경우가 많다. 따라서 전문의를 찾아 근본적인 원인을 파악한 후 코 점막에 대한 치료를 시행하는 것이 좋다.

코피가 자주 나요

10세 이하의 어린이들에게 유독 많이 나타나는 증상이다. 어린이 코피는 상당수가 습관적으로 코를 파거나 비벼서 발생한다. 코를 자꾸 만지면 약한 비점막 혈관에 손상이 생겨 피가 나게 된다. 만약 코를 자극하지 않는데도 한 달에 2~3차례 이상 코피가 난다면 한의원을 찾아 이비인후과 질환 여부를 확인하는 것이 좋다. 코피는 보통 코 앞부분에서 나오므로 코의 앞부분을 꼭 쥐고 머리를 심장보다 높게 해준다. 이때 고개를 뒤로 젖히지 않는다. 고개를 젖히면 코피가 잘 멈추지 않고 목 뒤로 넘어가게 된다. 목으로 넘어온 코피는 뱉게 해야 기도로 들어가지 않는다. 심할 경우 얼음찜질을 해준다. 얼음을 잘게 부숴 코와 뺨에 대어주면 지혈 효과가 있다. 그래도 멈추지 않으면 솜으로 누른 채 한의원을 찾아가도록 한다. 코피가 멈춘 뒤에는 심한 운동을 자제하고 맵고 뜨거운 음식이나 지나치게 뜨거운 샤워도 피하는 것이 좋다.

냄새를 잘 못 맡아요

후각 장애의 가장 흔한 원인은 감기다. 이 외에도 두부 외상, 비염,

부비동염, 코 안의 물혹이나 종양 등이 원인이 될 수 있다. 이들 질환은 간단한 후각 인지 검사로 쉽게 진단할 수 있지만 환자에 따라 세밀한 검사가 필요한 경우도 있다. 증상이 오래되면 치료가 어려우므로 초기에 병원을 찾는 것이 중요하다.

코에서 나쁜 냄새가 나요

코에서 나쁜 냄새가 나고 고름 같이 누런 콧물이 나온다면 축농증을 의심해봐야 한다. 여기에 구취까지 심하다면 원인이 구강 쪽에 있는 경우가 많다. 이때는 충치나 만성 편도염 등을 의심해볼 수 있다. 비염 때문에 비강 내 점막이 비대해지면서 후각 신경 부분이 막힐 때에도 악취가 느껴질 수 있다. 이 역시 근본적인 원인을 찾아 치료하는 것이 중요하다.

성장발달 늦추는 적색경보, 코골이

곤히 자고 있는 아이를 보면 부모님들은 행복을 느끼게 된다. 하지만 코를 심하게 고는 아이를 무심코 넘겼다면 다시 한 번 생각을 해보아야 한다. 특히 한 달 넘게 코골이를 심하게 하는 경우를 더 이상 방관하면 아이의 성장과 건강을 위협하게 된다.

얼마 전 병원을 방문한 초등학생 1학년 태경이의 엄마는 잠을 자지 못해 눈에 핏발이 가득했다. 코골이가 심한 태경이 때문이었다. 신생아 때부터 계속된 태경이의 코골이 때문에 한시도 편할 날이 없었다. 코골이 때문인지 비염도 늘 달고 살았다. 감기에 한번 걸리기라도 하면 태경이의 코골이는 더욱 심해졌다. 집 안을 쩌렁쩌렁 울리는 코 고는 소리는 물론, 수면무호흡까지 보이는 바람에 자는 아이를 도중에 몇 번씩 흔들어 깨워야 했다. 갈수록 심해지는 태경이의 코골이, 어떻게 하면 치료할 수 있을까?

코골이 그냥 두면 정서 불안, 학습능력 저하를 일으킨다

코골이는 수면 중에 공기가 여러 원인으로 좁아진 기도를 지나면서 이완된 입천장과 목젖 부분에 진동이 일어나 발생하는 호흡장애로, 잠

어린이 코골이 관련 증상

① 베개가 침대에서 떨어지거나 많은 베개를 의지하는 비정상적인 자세로 잠을 잔다.
② 코를 크게 자주 곤다.
③ 짧은 기간 동안 숨을 멈추어 콧김을 내뿜고 숨을 헐떡거리거나 완전히 잠에서 깬다.
④ 수면 중에 땀을 많이 흘린다.
⑤ 학교나 집에서 쉽게 졸음에 빠지고 주의가 산만하거나 지나친 행동을 보인다.
⑥ 밤새 뒤척이며 잠을 잔다.
⑦ 충분히 잠을 자도 아침에 일어나기 어려워한다.
⑧ 특히 아침에 머리가 아프다고 한다.
⑨ 화를 잘 내고 공격적이거나 투정을 부린다.
⑩ 또래보다 키가 작고 산만하다.

을 자는 동안 여러 가지 원인으로 코를 통해 정상적인 호흡을 하지 못하고 입으로 숨을 쉬는 현상이다.

아이들의 코골이는 구개 편도 등이 비대해져 생기는 경우가 많다. 물론 선천적으로 코뼈 비중격이 비정상적으로 위치해 코골이를 유발하는 경우도 있고, 축농증이나 기관지 천식, 알레르기성 비염이 있어도 코를 곤다.

특히 코골이는 비만과 관련이 깊어서 뚱뚱할수록 코골이가 나타날 확률도 높아진다. 뚱뚱한 어린이가 코를 골면 살부터 빼라고 하는 것은 바로 이런 이유 때문이다. 또한 아이는 일반적으로 부모의 구강구조를 그대로 닮고 태어날 확률이 높아 부모의 코골이가 심하다면 아이도 코를 골기 쉽다. 따라서 인체의 면역력이 완성되는 만 14세 전후까지는 지속적인 주의와 관리가 필요하다.

코를 심하게 고는 아이는 밤에 잘 때 숨을 제대로 쉬지 못하는데, 이는 뇌에 산소 공급이 원활하게 이루어지지 않는다는 것을 의미한다. 숙면을 못하면 뇌 발달이 안 돼 머리가 나빠지고 성격도 산만해진다. 잠을 못 자면 어른들은 낮에 졸음이 쏟아지고 피곤하지만 아이들은 그런 증상을 못 느낀다. 대신 짜증을 많이 내고 투정을 부린다. 또한 수면장애는 행동과 감정 조절을 담당하는 전두엽 기능을 감소시켜 ADHD(주의력결핍 과잉행동장애)로 이어질 수 있다. 정서 불안과 학습능력 저하 역시 수면장애를 겪는 아이들의 특징이다.

코골이가 심한 아이들 대부분은 수면 중에 땀을 흘리고 계속 돌면서 잠을 자고 목을 뒤로 젖히거나 앉는 자세로 자는 등 특이한 수면 자세를 취한다. 코를 심하게 골게 되면 뇌에 산소가 제대로 공급되지 못해 혈액 내 산소 농도가 떨어지게 된다. 그리고 이런 현상은 두뇌 발달을 저하시키고 낮에도 집중력을 떨어뜨리는 요인이 된다. 뿐만 아니라 숙면을 취하지 못하기 때문에 성장호르몬이 제대로 생성되지

아데노이드란?

성장기 아이들의 코골이는 아데노이드가 비대해지면서 시작되는 경우가 많다. 아데노이드는 코와 목 사이에 위치하고 있는 편도선의 일종으로, 호흡기의 감염을 막는 역할을 하는 기관이다. 이 아데노이드에 염증이 생겨 붓는 현상을 '아데노이드 비대'라고 하는데, 이로 인해 코골이가 발생하는 것이다. 아데노이드는 5~10세 동안 커지다가 사춘기가 지나면서 서서히 작아지기 시작한다. 아데노이드 비대증은 소아의 30퍼센트가 앓을 만큼 흔한 질병이다. 그러니 자녀가 코를 곤다면 비염이나 아데노이드 비대가 아닌지 검사해보는 것이 좋다.

아데노이드가 비대해져 입으로 숨 쉬는 버릇이 생기면, 잠을 잘 때뿐만 아니라 낮에도 입을 반쯤 벌리고 있는 일이 잦아지게 되는데, 이렇게 되면 '아데노이드형 얼굴'로 변하기 쉽다. 아데노이드형 얼굴이란 얼굴 폭이 좁고 길며 아래턱이 뒤로 처지면서 입 주변이 돌출된 형태를 말한다. 입의 형태가 이렇게 달라지면 윗니가 많이 보이고 조금만 웃어도 잇몸이 많이 드러나며 심해지면 위아래 앞니가 어긋나 입을 완전히 다물지 못하게 된다.

않아 또래 아이들보다 키가 작고 학습능력도 저하되는 등 많은 면에서 성장발달이 늦어진다. 또 잘 때 입으로 숨을 쉬기 때문에 턱 모양이 변형되거나 치아부정교합, 주걱턱, 아데노이드형 말상 얼굴 등 얼굴 변형에도 악영향을 줄 수 있다. 여기서 그치지 않고 잠을 잘 때 기도가 확보되지 않아 호흡이 정지됐다가 몰아서 쉬게 되는 수면무호흡증으로 이어질 수도 있기 때문에 아이의 코골이가 확인된다면 반드시 조치를 취해줘야 한다.

수면다원검사로 정확한 진단 필요

유아 코골이는 2~8세 아이 중 25퍼센트가 증상을 보일 정도로 비교적 흔하다. 그러나 이 중 10퍼센트는 폐쇄성 수면무호흡증후군을 나타낸다. 만약 코골이가 심해 수면장애를 일으킨다면 먼저 수면다원검사를 통해 정확한 원인을 알아내야 한다. 어린이 환자의 경우 수면장애 진단 여부를 임상적인 검사에만 의존해 수술 여부를 결정하기 어렵기 때문이다.

수면다원검사는 수면 시 혈중 산소 농도, 코골이의 정도와 횟수, 무호흡의 정도와 횟수 등을 측정하는 것을 말한다. 수면무호흡증은 잠자는 도중 호흡이 정지되는 횟수가 많아지는 증상을 말한다. 잠자는 동안 1시간에 5번 이상, 또는 7시간 동안 30번 넘게 숨을 쉬지 않는 상태가 되면 수면무호흡증으로 진단한다.

 **코골이 예방 위한 실천 지침**

① 아이를 옆으로 눕혀서 재운다. 옆으로 누워서 수면을 취할 경우 인후부의 구조물들이 한쪽으로 기울어져 공기 통로를 막는 것을 방지할 수 있다. 바로 누운 자세에서는 중력의 영향으로 연구개, 목젖, 혀와 같은 연조직들이 아래로 처짐과 동시에 기도가 좁아져 코골이나 무호흡이 발생, 악화될 수 있다.

② 비만인 경우 다이어트를 한다. 비만인 아이는 수면무호흡이 일어나는 경우가 많다. 과다 체중으로 이한 지방 덩어리가 목 조직과 폐에 압력을 가해 호흡을 방해하기 때문이다.

③ 평소 비염이나 축농증 등 코 질환을 잘 관리한다. 특히 환절기에는 코가 충혈되거나 막히지 않도록 항상 세심하게 관찰하고 신경을 써야 한다.

④ 잠자기 전 텔레비전 보기나 컴퓨터 활동 등을 금한다. 규칙적인 수면과 숙면을 취하는 데 어려움이 있다.

⑤ 잠자기 3시간 전에는 되도록 음식물 섭취를 제한한다. 자기 전 과식을 하면 소화기관이 부담을 받아 코의 호흡 통로를 긴장시키고 코골이를 유발한다.

⑥ 철분, 마그네슘이 부족하지 않도록 영양소를 골고루 섭취한다.

올바른 수면 자세와 적절한 습도 유지로 예방

어린이 코골이를 일상생활 속에서 예방하는 방법은 없을까? 아이의 코골이가 단순히 편도 등이 비대해진 것이 원인이라면 다음과 같은 조치를 취해보는 것도 방법이 될 수 있다.

먼저 아이가 코를 곤다면 높은 베개는 피하고 고개를 젖혀 약간 자세를 바꿔주자. 베개 높이는 벨 때 머리가 30도 정도 유지되는 정도가 적당하다. 좁았던 통로가 넓어져 코골이가 없어질 수 있다. 또한 빨래나 가습기를 이용해 적정 수준의 습도와 온도를 유지해주는 것이 매우 중요하다. 실내 온도는 18~22도, 습도는 40~50퍼센트를 유지하는 게 좋다. 코의 정화 활동은 콧속 점막이 촉촉할 때 효과적으로 이루어진다. 장마철 고온다습한 환경으로 말미암아 나타나는 곰팡이를 주의하고 여름에는 에어컨이나 선풍기 바람을 직접 쐬지 않도록 한다. 겨울에는 2시간에 한 번씩 창문을 열어 실내를 환기하고 알레르기가 있는 아이라면 약간 서늘하게 해주는 게 좋다. 잠옷을 제대로 입히고 집안을 시원하게 해주는 것도 아이의 코골이 예방에 효과적이다.

또한 숙면을 취하기 전에 텔레비전을 보거나 컴퓨터 활동은 제한하는 것이 좋고 일정한 시간에 잠자리에 들도록 유도해야 한다. 잠들기 3시간 전에는 음식을 먹지 않는다. 그리고 호흡기가 약한 아이에게는 차가운 음식과 몸속의 열을 높이는 맵고 자극적인 음식을 피하도록 한다. 대신 박하차, 대추차 등을 마시게 해 코를 시원하게 해주는 것이 좋다. 잠을 재울 때는 인형이나 베개 등을 안고서 옆으로 누운 자세가 코골이 해소에 도움이 된다. 아이가 비만이 있다면 살을 빼는 것도 도움이 된다.

어린이 코골이는 성장기 아이들의 치명적인 빨간 신호등이다. '저러다 말겠지' 또는 '크게 문제되겠어?' 하고 자칫 방심하고 내버려뒀다가는 코골이에 큰코다치기 십상이다. 지금이라도 늦지 않았다. 내 아이, 포근하고 달콤한 꿈나라에서 행복한 날개를 펴고 있는지 확인하자. 만약 아이가 수면을 힘들어하고 있다면 당장 전문한의사를 찾아가 상담하는 것을 주저하지 말자.

코 건강과 직결되는
좋은 습관 vs. 나쁜 습관

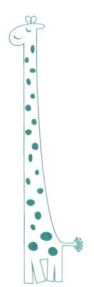

건강은 건강할 때 지켜야 한다. 일단 병에 걸리면 시간과 비용적인 면에서 큰 소실을 입게 되며 무엇보다 환자 본인과 가족들이 고통을 겪게 된다. 건강을 지키기 위해서는 평소 생활습관을 바르게 유지해 질병을 예방해야 한다. 코를 건강하게 관리하기 위해서는 평소 어떤 습관을 가져야 하고 어떤 습관을 버려야 하는지 알아보자.

Good! 코 건강과 직결되는 좋은 습관

실내 공기를 깨끗하게 한다

알레르기성 비염을 악화시키는 가장 큰 원인은 집먼지, 꽃가루, 담배 연기 등이다. 실내 공기를 깨끗하게 유지하는 것은 코 건강을 지키는 첫 번째 과제다.

실내 공기는 하루에 두 번 이상 환기시켜야 하며 환기 뒤에는 걸레로 바닥을 닦아내야 한다. 이때 진공청소기를 이용하면 필터를 통해 미세먼지가 빠져나올 수 있으므로 환자 근처에서는 청소기를 사용하지 않는 것이 좋다. 공기청정기를 이용하는 것도 도움이 되지만 창문 환기를 병행하는 것이 좋다.

실내 건조를 막는다

코를 건강하게 유지하기 위해서는 온도와 습도를 적절히 유지해야 한다. 특히 습도는 코막힘 등에 직접적인 영향을 미치므로 민감하게 조절해야 한다. 코에 문제가 있는 사람들은 가습기를 틀어 실내습도를 40~50퍼센트 정도로 유지해야 한다. 그러나 너무 습하면 알레르기성 비염이 오히려 악화될 수 있으므로 가습기와는 거리를 두는 것이 좋으며 물을 많이 마시는 것도 도움이 된다.

코를 세게 풀지 않는다

알레르기성 비염의 큰 특징 중 하나는 바로 맑은 콧물이 줄줄 흘러내린다는 것이다. 이때 코를 세게 푸는 것은 코 건강을 위협하는 나쁜 습관이다. 콧물이 흘러내릴 때 또는 코가 막혔을 때 코를 세게 풀어서는 안 된다. 이때는 젖은 수건이나 물티슈 등으로 살짝 닦아내도록 한다. 습관적으로 코를 세게 풀거나 자주 후비면 코 점막이 자극을 받아 증세가 더욱 심해진다.

사람 많은 곳에선 마스크를 착용한다

청결 유지는 코 건강의 기본이다. 특히 바람이나 황사가 있는 날에는 가급적 외출을 삼가며 꼭 나갈 일이 있을 때는 반드시 마스크를 착용하도록 한다. 마스크 착용은 청결 외에도 감기 예방 효과를 기대할 수 있다. 또 외출에서 돌아왔을 때 먼저 손을 씻고 식염수로 입안을 가글해주면 더욱 좋다.

Bad! 코 건강과 직결되는 나쁜 습관

방마다 카펫을 깔아 보온을 한다

아이들이 찬 바닥에 앉아서 노는 것이 신경 쓰여 카펫을 깔고 있다면 다시 생각해볼 일이다. 카펫은 알레르기의 주요 원인 중 하나인 집먼지진드기의 온상이기 때문이다. 카펫 외에도 아이들 베개와 이불은 가능한 한 자주 세탁해줘야 하며 온수로 빠는 것이 좋다. 털로 뒤덮여 있는 봉제 인형도 마찬가지다. 아이의 호흡기 건강을 생각한다면 먼지나 진드기가 많이 모일 수 있는 것들은 치워두는 것이 좋다.

코를 자주 만지고 코딱지를 판다

콧속에는 모세혈관이 많이 모여 있는데 봄이나 가을처럼 건조한 계절에는 콧속도 건조해서 조금만 건드려도 코피가 나곤 한다. 콧속이 건조해지면 코딱지가 생기게 되고 코딱지는 자연스레 손가락을 부르게 된다. 이렇게 손으로 코를 자극하면 코피가 나고 코딱지가 더 심해지는 악순환의 고리가 형성된다. 코가 건강하건 불편하건 코에 손을 대는 일 자체를 삼가도록 한다.

차가운 청량음료를 즐겨 마신다

콧병이 있는 아이들은 너나없이 차가운 음료수나 아이스크림을 찾는다. 아이들이 원래 청량음료나 아이스크림을 좋아하기도 하지만 불편한 코 때문에 답답하고 갈증도 많이 느껴져서 그런 것이다. 하지만 콧병이 있는 아이들이 차가운 음료를 계속 마시게 되면 증상을 악화시키는 결과를 초래한다. 건강한 아이도 마찬가지지만, 코 건강이 안 좋은 아이들에게는 반드시 따뜻한 물을 먹이도록 한다.

가족들이 옆에서 담배를 피운다

아무리 금연이 대세라지만 아직도 가족들이 있는 집에서 담배를 피우는 사람들이 있다. 아이들이 있는 공간에서 담배를 피우면 건강에 치명적인 영향을 미친다. 특히 코가 막혀 괴로워하는 아이들에게 담배 연기는 금물이다. 담배 연기 속에 포함되어 있는 300여 가지의 화학물질이 아이들의 민감한 코 점막을 자극하기 때문이다.

키가 쑥쑥! 코가 뻥 뚫리는 건강 마사지

알레르기성 비염이나 만성 비염이 있을 때 코를 건강하게 하는 경락 마사지를 해주면 몸속의 나쁜 기운이 빠져나가고 기의 흐름이 원활해져 차츰 증상이 개선된다. 딱히 코 질환이 없는 사람이라도 평소에 활용하면 코를 더욱 건강하게 할 수 있다. 특히 부모가 자녀에게 마사지해주면 손끝에서 전해지는 따뜻한 에너지가 코에 공급되어 심리적인 안정감까지 느끼게 해주는 효과가 있다.

집에서 엄마들이 하는 마사지로 한의학에서 말하는 '경혈'을 정확하게 짚어내기란 그리 쉽지 않다. 하지만 아이들은 얼굴이 작고 자극에 민감하므로 엄마 손에 들어오는 지점을 대략만 자극해줘도 경혈 마사지의 효과를 얻을 수 있다. 아이의 얼굴을 두루 마사지해주면 손끝으로 전해지는 기운을 통해 면역증강 효과도 있고 호흡기의 면역력도 높일 수 있다. 특히 알레르기 비염을 예방하고 감기 증상을 호전시키는 효과를 기대할 수 있다. 하루 10분씩 투자해 아이의 건강을 챙기도록 하자.

이마 문지르기

양쪽 눈썹 사이 중간지점부터 앞머리가 돋아난 곳까지 이어지는 일직선상을 양쪽 엄지 손가락으로 교대로 30~50회 밀어올린다. 양쪽 눈썹 바깥쪽과 옆머리가 돋아난 곳 사이의 오목한 부위를 양손의 엄지나 가운데 손가락으로 원을 그리듯이 30~50회 부드럽게 문지른다. 이마 문지르기는 머리끝까지 기를 끌어올려 코의 면역을 강화시켜준다.

눈썹 끝 문지르기

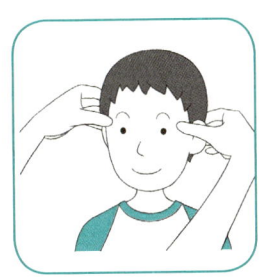

눈썹 끝에서 귀쪽으로 1~2센티미터 떨어진 부위를 만져보면 움푹 들어가 있는 곳이 있는데 그곳이 태양혈이다. 태양혈을 둘째나 셋째 손가락으로 30~50회 문질러준다. 태양혈을 자극하면 머리의 혈액순환을 도와 정신을 맑게 하고 감기로 인한 열과 두통을 해소하는 데 도움을 준다.

콧방울 옆 문지르기

콧방울 양 옆의 홈이 있는 곳을 '영향'이라고 하는데, 영향혈을 양쪽 검지로 세 번에 나누어서 누르면서 돌려주면 비염이나 축농증에 효과가 있다. 또한 코 주위의 기혈 흐름이 좋아져 콧물이나 코막힘 증세가 완화된다.

얼굴 문지르기

손바닥에 열이 날 때까지 두 손을 비빈 후 아이 얼굴 전체를 부드럽게 문질러준다. 아이의 얼굴이 약간 붉어질 때까지 문질러주면 부모의 좋은 기운이 아이의 얼굴에 전달되어 호흡기는 물론 몸 전반의 면역력을 높여준다.

가슴 문지르기

양쪽 유두를 잇는 직선상의 중간 지점을 전중혈이라고 한다. 이 지점을 엄지손가락으로 가볍게 밀어준다. 따뜻한 온기가 느껴질 때까지 실시한다. 기침이 잦거나 가래가 심할 때도 효과를 볼 수 있다.

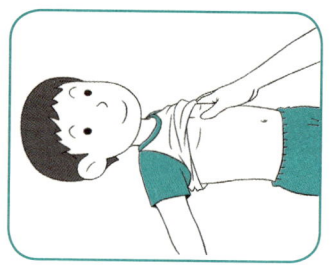

뒷목 풍지혈 눌러주기

목 뒤 중앙에서 양쪽으로 1.5센티미터 정도 떨어져 약간 오목하게 들어간 지점이 있다. 이 부분을 풍지혈이라고 한다. 양손을 마주대고 비벼서 손바닥이 따뜻해지면 풍지혈에 갖다 댄다. 온기가 식으면 같은 방법을 반복해 1분 정도 계속한다.

뒷목 대추혈 문지르기

고개를 앞으로 숙였을 때 목 뒤쪽으로 가장 높이 튀어나온 뼈 부위 바로 아래 밑 부분을 대추혈이라고 한다. 손가락으로 대추혈을 50회 정도 문질러준다. 코막힘과 목이 아픈 인후통을 진정시키는 데 효과가 있다.

감기를 물리치는 양손 마사지

엄지와 검지가 갈라진 뼈 사이의 약간 움푹한 부분을 합곡혈이라고 하는데, 이 합곡혈을 약 1분 동안 꾹 눌러준 후, 한 손 엄지를 다른 손으로 감싸고 비비면서 돌린다.

코에 좋은 한방약재와 한방차

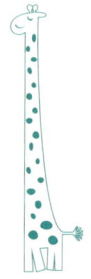

한방에선 모든 장기가 연관성을 갖고 있으며 각각의 장기에도 신체 기관들이 연관돼 있다고 본다. 좀 더 자세히 말하면 혀와 혈관은 심장에 속하는 계통을 가지며 코는 대장, 기관지, 코, 피부와 함께 폐에 속한다. 좁게 보면 폐에 좋은 음식은 코에도 좋고, 넓게 보면 코에 좋은 음식은 몸에도 좋은 것이다. 여기서는 코에 좋은 한방약재를 비롯해 약재를 차로 만드는 방법을 소개한다. 약을 잘 먹지 않으려는 아이에게는 입맛에 맞는 한방차가 도움이 된다. 코와 기관지를 건강하게 해주는 한방차를 끓여서 수시로 마시면 수분을 섭취하는 동시에 치료 효과도 볼 수 있다.

코 건강에 좋은 한방약재

- **갈근** 칡뿌리의 약명이다. 발한 작용과 해열 작용이 뛰어나 감기 예

방과 치료에 특히 좋다. 두통, 소화불량, 하혈, 구토에 잘 듣는다. 과음으로 인한 두통과 갈증 등 숙취 해소에도 뛰어난 효과를 보인다. 축농증, 비염이나 코막힘, 재채기에도 좋은 약재다. 감초, 대추, 마황, 생강, 작약 등과 섞어 갈근탕을 만들면 오한이 나는 감기 치료약으로 좋다.

- **생강** 생리활성물질을 함유하고 있어 특히 50대에 가까운 여성들에게 많이 발생하는 온몸 통증 및 쑤시고 아픈 증상에 잘 듣는다. 신진대사 촉진, 살균 등 약리 작용이 뛰어나 약재로 많이 쓰인다. 몸을 덥게 만들어서 몸의 냉기 제거에도 도움을 준다.

- **도라지** 인삼 못지않게 사포닌 성분을 함유해 고급 식품으로 인정받아왔다. 약과 차로도 널리 쓰인다. 기침, 가래, 목구멍 통증 해소에 좋다. 도라지에 감초를 적당하게 더해 끓여 마시면 호흡기 계통 질환에 잘 듣는다. 식독과 주독 해소, 치통과 복통 치료에 적합하다. 설사, 하혈 및 토혈 등에도 좋다.

- **계피** 중추신경을 자극해 흥분을 유도함으로써 두통을 거두고 머리를 맑게 하며 신경 안정 효과가 있는 약재다. 수분대사를 조절하며 피를 잘 통하게 해서 모든 장기의 기능을 촉진한다. 땀이 나게 하거나 식은땀을 거두고, 소화기 및 순환기 질환에도 효과가 있다. 급성 열병과 노인병에도 좋은 치료약이며, 냉증으로 인한 합병증 치료에

특효를 발휘한다. 구풍, 건위, 수렴, 이뇨, 진통, 한기, 해열에도 좋은 것으로 알려져 있다.

- **맥문동** 기관지 질환, 기침 치료에 으뜸가는 약재다. 겨울철 체력 증강, 갈증 해소, 기침 예방, 원기 충전, 천식 치료, 폐기능 강화에도 좋다.

- **하수오** 겨울철 전신 건강 유지에 큰 도움을 주는 약재다. 차로 끓여 마시면 체력 증진과 피로 회복에 좋고 겨울철 피부 보호에 탁월한 효과를 발휘한다. 기운을 보호하고 충전함에 적합해서 콧병이 있음에도 음식을 잘 못 먹고 비위가 약한 사람에게 적합하다.

코의 기능을 활성화해주는 한방차

- **갈근차** 감기, 두통, 소화불량, 하혈, 구토, 숙취, 축농증, 비염 등 예방하고 치료하는 차다.
  ① 잘게 썬 갈근 8그램, 생강 4그램, 대추 4그램, 작약 3그램, 감초 2그램을 넣는다.
  ② 물 1리터를 부은 뒤 1시간 동안 끓여 마신다.

- **당귀생지작약천궁차** 사물탕이라고도 불리며 보혈 기능이 뛰어난 약재들로 구성되어 있다. 주로 여성에게 도움이 되는 차지만 성장기 어린

이들에게도 활용 가능하며, 신이화나 박하를 첨가해 만성적인 코막힘이나 맑은 콧물이 나는 경우 활용하기 좋은 차다.

① 당귀, 생지, 작약, 천궁, 신이화, 박하를 깨끗이 씻어 물기를 빼둔다.
② 용기에 모든 재료를 각 4그램씩 넣은 뒤 물 1리터를 붓고 1시간 동안 끓여 마신다.

- **생강차** 통증 완화시키고 신진대사 기능을 촉진하며, 살균 효과가 있어 맑은 콧물 치료에 적합하다.

① 생강은 깨끗이 씻어 얇게 썬 뒤, 생강 100그램 당 물 1리터를 붓고 30분 정도 끓인다.
② 약불로 줄인 다음 10분간 더 끓인다.
③ 꿀을 약간 넣어 잘 저은 뒤 마신다.

- **은행백합맥문동차** 장기간 코가 막혀 입으로 숨을 쉬게 되어 인후부가 건조해질 때 효과가 좋은 차다. 마른기침 변비, 피부 노화 치료 효과도 있다.

① 은행, 백합, 맥문동을 깨끗이 씻어 물기를 빼고, 생강은 깨끗이 씻어 얇게 썰어둔다.
② 은행 15개와 백합 70그램, 맥문동 20그램을 넣은 뒤 물 0.5리터를 붓고 중간불로 1시간 동안 끓인다.
③ 꿀을 약간 넣어 잘 저은 뒤 마신다.

- **박하세신대추차** 코막힘, 맑은 콧물 등의 코 질환 치료에 좋은 한방차다. 세신의 따뜻한 특성이 막힌 코를 뚫어주지만 맛이 너무 강해서 대추로 완화했다. 장기 복용하면 위장에 무리가 갈 수 있으니 주의해야 한다.

  ① 박하, 세신, 대추를 깨끗이 씻어 잘 말린다.

  ② 박하, 세신 각 7그램과 대추 10개를 용기에 넣은 뒤 물 1리터를 붓고 40분간 끓인다.

  ③ 재료를 거른 뒤 찻잔에 담아 마신다.

- **하수오대추차** 만성 코 질환이나 기관지 질환이 있는 경우 체력을 보하는 데 효과가 있다. 부족한 기혈을 보충하고 비장이나 신장이 허할 때 치료 효과가 있다.

  ① 하수오와 붉은 대추를 깨끗이 씻어 물기를 빼둔다.

  ② 붉은 대추는 씨앗을 발라낸다.

  ③ 하수오 30그램와 대추 10개를 넣은 뒤 물 1리터를 붓고 끓인다.

  ④ 30분간 달인 뒤 약재를 제거하고 마신다.

- **오미자차** 폐의 기운을 북돋우고 혈액순환을 원활하게 해준다. 감기에 걸렸을 때 오미자차를 마시면 빠른 해열 효과를 볼 수 있다.

  ① 오미자 20그램에 팔팔 끓여 식힌 물 10컵을 붓고 반나절 정도 우려 체에 거른다.

  ② 이 물에 꿀을 타서 수시로 마신다.

- **박하차** 비강 내에 염증이 생겼을 때 염증을 완화하는 효과가 있다. 쉰 목에도 좋고 비염, 독감, 기관지염 등 호흡기계 질환에도 좋은 한방차다.

    ① 박하 잎을 깨끗이 씻은 뒤 물기를 빼둔다.
    ② 박하 15그램에 물 1리터를 붓고 팔팔 끓인다.
    ③ 30분 정도 우려낸 뒤 꿀을 약간 타서 마신다.

- **목련 꽃봉오리차** 목련 꽃봉오리에는 폐와 기관지의 기능을 좋게 하고 몸속의 찬 기운을 발산시키며 코막힘을 뚫어주는 효능이 있다. 차로 끓여 오래 마시면 비염이나 축농증 등에 뚜렷한 효과를 볼 수 있다.

    ① 목련 꽃봉오리를 잘 씻어 물을 붓고 양이 반으로 줄어들 때까지 은근하게 졸인다.
    ② 이것을 체에 걸러 하루에 3~4회에 걸쳐 마신다.

우월한 키의 연예인들이 TV나 컴퓨터 등의 매체를 통해 노출되면서 성장기 청소년 및 어린이들 역시 그들처럼 큰 키를 가지고 싶어 한다. 하지만 바른 자세를 유지하지 못해 생긴 척추측만증, 일자목 증상으로 숨은 키가 생기게 되면서 키 성장에 어려움을 겪고 있다. 다행히도 척추측만증과 일자목 증상은 생활 속에서 치료 및 예방이 가능하다. 아직 그 증상이 미미하다면 바른 자세를 유지하고 지속적인 스트레칭을 통해 치료가 가능하다. 하지만 이미 오랜 기간 바른 자세를 유지하지 못해 척추측만증 혹은 일자목 증상이 나타났다면 척추 및 체형 교정 클리닉을 방문해 전문의의 진단을 받고 그에 맞는 교정치료를 해야 한다. 여기에서는 척추 건강이 성장에 미치는 영향과 증상, 올바른 척추 건강법에 대해서 알아보도록 하겠다.

PART

척추를 바로 세워야 키가 큰다

아이들 척추가 위험하다

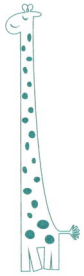

성장기 아이들의 허리 건강이 위험하다는 기사가 종종 나오지만 정작 부모들은 '설마, 내 아이는 괜찮겠지' 하는 생각을 가지고 있는 듯하다. 초등학교에 들어가는 8살부터 고등학교를 졸업하는 19세까지 우리 아이들은 공부 때문에 책상에 앉아 있는 시간이 길다. 또한 여가 시간에는 컴퓨터를 하거나 TV를 보면서 보내기 일쑤다. 게다가 이 나이대의 아이들은 컴퓨터나 TV에 한번 빠지게 되면 시간 가는 줄 모르고 장시간 몰입하는 경향이 있다. 그리고 요즘에는 스마트폰 사용이 늘면서 장시간 고개를 숙이고 있는 경우가 많다.

이렇게 같은 자세로 오래 있으면서 바른 자세를 유지하지 않으면 허리에 치명적인 영향을 미칠 수 있다. 따라서 자녀들의 척추 건강 체크는 꼭 이루어져야 한다. 자녀들의 좋지 못한 자세를 방관하게 된다면 척추 건강에 심각한 문제를 불러일으킬 뿐만 아니라 키 성장에도 장애 요인이 되기 때문이다.

키가 작은 이유? 척추를 의심하라

만약 자녀의 키가 또래 친구들의 키보다 작다면 디스크 문제, 즉 굽은 척추나 척추측만증을 의심해볼 필요가 있다. 10대에 허리에 가장 많이 발생하는 이상 증세가 바로 척추측만증이다. 건강보험심사평가원 발표에 따르면 2010년 척추측만증으로 진료를 받은 환자의 46.4퍼센트가 10대 청소년인 것으로 나타났다. 이는 최근 5년 동안 20퍼센트 넘게 증가한 수치다.

성장기 어린이들의 키 성장을 막는 척추측만증은 간단하게 말하자면 척추가 정상적인 형태가 아닌 모양으로 굽거나 휘는 상태를 말한다. 건강한 척추는 옆에서 볼 때 S자형 만곡을 그려야 하고, 앞이나 뒤에서 보면 반듯하게 일직선이어야 한다. 그러나 우리의 현실에서 볼 때, 성장기의 아이들은 하루 중 거의 대부분을 나쁜 자세로 앉아 있고, 한쪽 어깨에 가방을 메고 비딱하게 걷기 일쑤다. 학교에서도 삐딱하게 앉고 엎드려 자거나 꾸벅꾸벅 졸면서 척추의 S자 곡선에 무리를 주게 된다. 피로와 건강으로 척추가 쉴 새 없이 시달리는 것이다. 이러한 나쁜 자세가 지속될 경우 척추 배열이 정상적인 상태에 있지 못하고 좌우불균형 및 성장에 장애를 야기해 키가 더디게 자라게 된다. 심한 경우에는 눈에 띄는 변형이 일어날 수 있으며, 골반이나 어깨의 불균형을 유발하고 구부렸을 때 양쪽 등의 높이가 현저히 차이가 날 수도 있다.

척추측만증이 일어나는 모든 원인이 뚜렷하게 밝혀진 것은 아니다. 대부분 10대 전후부터 시작되며 뼈의 성장이 완료될 때까지 척추가 휘는 현상이 계속되기 때문에 어릴 때 발생할수록 정도가 더 심해지게 된다. 따라서 아이의 자세에 많은 관심을 갖고 지속적으로 살펴봐야 한다.

휜 척추는 체중 때문에 받는 중력을 고르게 받지 못해 점차적으로 나선형으로 틀어지게 되며, 이는 곧 성장을 방해하는 주요 요인이 된다. 척추의 길이가 줄어들고 모든 근육의 균형이 틀어지면서 뭉쳐 혈액 순환이 아주 나빠지게 될 뿐만 아니라 틀어진 척추는 척추에서 뻗어 나오는 신경을 압박해 결과적으로 호르몬 분비의 불균형을 야기한다. 특히 경추 1, 2번과 천골의 이상은 성장호르몬 분비에 영향을 주어 성장을 지연시키므로 앉아 있는 시간이 많은 성장기 아이들은 더더욱 바른 자세로 앉고 서는 버릇을 들여 허리가 휘는 것을 미연에 막아야 한다.

만약 아이의 척추가 휘었다면 지체 없이 바로잡아야 성장장애를 막을 수 있음을 유념하자. 비뚤어진 척추를 바로잡고 뭉친 근육을 풀어 척추의 생리적 환경이 좋아져야 키가 잘 자랄 수 있다.

10대 허리디스크, 집중력 저하의 원인

허리디스크 환자 중 10퍼센트를 10대가 차지할 정도로 청소년기의 허리디스크는 심각한 수준이다. 청소년기의 허리디스크는 주로 외상과 잘못된 자세가 원인인 경우가 많다. 외상으로 오는 디스크는 운동을 하거나 친구들이랑 놀다가, 혹은 사고로 말미암아 급성 디스크가 오는 경우다. 잘못된 자세가 원인인 경우는 소파에 기대어 눕거나 턱을 괴고 앉거나 허리와 엉덩이를 앞으로 내밀고 고개를 앞쪽으로 내미는 등의 잘못된 자세를 오랫동안 반복했을 때 생기는 것으로, 단순 요통은 물론 디스크로까지 이어진다. 특히 컴퓨터를 하는 아이들의 경우 의자 등받이에 등을 꼿꼿이 세우기보다는 구부정하게 앉고 모니터를 보기 위해 목을 빼고 있는 경우가 많아 주의를 요한다.

10대 허리디스크는 성인과 달리 신경마비나 근육 위축이 오는 경우는 드물다. 대부분 한쪽 다리에 통증으로 증상이 나타나는데, 다리를 꺾고 앉아 있다가 일어설 때 다리가 뻣뻣하게 저리고 엉덩이나 허벅지, 종아리 등이 당기고 아프다면 허리디스크를 의심해볼 수 있다. 이런 증상은 재채기를 할 때 더욱 심해진다.

허리디스크로 인해 자세가 한쪽으로 삐뚤어지는 경우가 생기는데, 이는 신체적 성장에 아주 나쁜 영향을 끼칠 수 있는 만큼 요통과 다리 통증을 호소한다면 즉시 전문가의 정확한 진단을 받을 필요가 있다.

거북이목으로 불리는 일자목, 고개 숙인 10대의 바로미터

척추측만증 외에 성장기 어린이들의 키 성장을 막는 증상으로 일자목을 들 수 있다. 거북목 증후군으로도 불리는 일자목은 C자 형태의 목뼈가 일자 형태로 변형되는 것을 말하는데, 머리가 거북이처럼 구부정하게 변형돼 붙은 이름이다. 곧고 바른 자세의 목보다 키가 더 작아 보여 숨은 키의 또 다른 원인이 되며 목 디스크 등 척추에 직접적으로 영향을 미칠 수 있기 때문에 조심해야 한다. 최근 10대들을 괴롭히는 것 중 하나도 바로 일자목에 의한 목의 통증으로 고개를 아래로 숙이면 통증이 발생하고 어깨가 쑤시며 만성 두통에 시달리게 되므로, 목이 뻐근하거나 저림 증상이 나타나면 정확한 진단을 받을 필요가 있다.

일자목이 되는 원인은 컴퓨터와 스마트폰 사용량의 증가가 한 몫을 차지한다. 가뜩이나 오랫동안 책상에 앉아 공부를 하다보면 고개를 숙이고 있는 시간이 많은데, 공부 외적인 시간에도 스마트폰이나 태블릿 PC의 사용으로 더 오랜 시간 고개를 푹 숙이고 있게 되었다. 이러한 자세를 오래 취하게 되면 일명 거북목이라 불리는 일자목이 발생한다.

일자목을 예방하기 위해서는 항상 바른 자세를 유지하도록 노력해야 한다. 특히 스마트폰이나 태블릿 PC를 사용할 때는 고개를 오랫동안 아래로 숙이는 습관을 피하고, 책상이나 테이블 위에 올려놓고 사용하는 것이 바람직하다. 또한 1시간에 10분 정도는 반드시 휴식을 취하고 틈틈이 고개를 돌려주는 스트레칭을 하는 것이 좋다.

척추측만증,
조기 발견이 관건

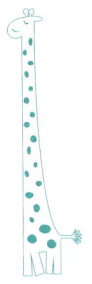

나무도 비틀어져 있다면 올바른 성장을 할 수 없듯이, 인간의 척추도 휘어져 있으면 자기 키만큼 클 수가 없다. 인간이 직립보행을 하면서 고민하는 것이 바로 척추에 관련된 내용이다. 척추측만증은 앞서 말했듯이 척추가 C자, S자 모양처럼 왼쪽 또는 오른쪽으로 휜 것을 말하는데, 심하게 꺾이지 않는 한 고통을 느끼지 못하기 때문에 무심코 넘기는 경우가 많다. 하지만 성장기 어린이들의 척추측만증을 그대로 방치할 경우 키 성장을 저해할 뿐만 아니라 한창 집중해서 공부해야 하는 시기에 피로감을 유발해 집중력을 떨어뜨릴 수 있다.

척추측만증은 체형에 맞지 않는 책상과 의자, 무거운 책가방, 잘못된 자세와 같은 원인으로 척추가 휘는 구조적 척추측만증과 특별한 자각증세나 원인 없이 휘어지는 특발성 측만증, 이외에 선천적 척추측만증으로 나눌 수 있다. 선천성 척추측만증은 부모로부터 증상을 물려받는 것으로 특발성 척추측만증 환자를 제외한 나머지 환자의 25퍼센트를 차지한다.

특발성 척추측만증은 통증을 유발하는 원인을 개선하고 스트레칭과 운동치료를 병행하면 어느 정도의 교정이 가능하다. 하지만 구조적 척추측만증은 조기발견과 적절한 치료가 이루어지지 않으면 치료 기간이 길어지고 지속적인 요통과 체력저하, 피로감이 나타날 수 있다.

척추측만증은 왜 생길까?

앞에서 이미 언급했듯이 척추측만증이 일어나는 원인은 딱히 무엇인지 아직 정확히 알려진 것이 없다. 칼슘이 부족하다거나 무거운 가방을 한쪽에 든다고 모든 사람이 생기지는 않는다. 그렇지만 운동시간이 부족하고 장시간 나쁜 자세로 생활하는 습관은 분명 위험하다. 특히 아이들의 성장속도가 빨라지며 그에 맞는 적절한 영양공급의 불균형과 서구화된 식사로 인해 뼈가 약해지고, 학습시간의 증가로 의자에 앉아 있는 시간이 길어지면서 척추측만증 환자가 점점 늘어나고 있으므로 주의해야 한다.

성장기의 척추측만증은 왜 위험한가

척추측만증은 보통 성장이 빨라지는 사춘기 초기(10세에서 골격 성장이 멈출 때까지)에 많이 발생하는데, 특히 10세 전후의 여자아이가 남자아이보다 7~8배 정도 많이 발생한다. 남자아이보다 여자아이가 척추측만증에 걸릴 가능성이 높은 이유는 여성의 골반이 남성의 골반보다 더 크기 때문에 일직선으로 지탱하기 더 힘들어서 그렇다고 알려져 있다. 일반적으로 여자아이의 경우 초경을 시작하기 1~2년 전, 남자아이의 경우 중학교 1~2학년 시기에 많이 걸린다.

사춘기는 급속한 성장기로, 척추의 성장판에 부적절한 체중부하가 걸리기 때문에 가장 위험한 시기라고 볼 수 있다. 이 시기에는 척추의 휘어진 각도가 1개월에 3도 이상 증가하는 경우도 있어서 정말 주의해야 한다. 치료 시기를 놓치면 교정하기 힘들고, 교정이나 치료를 하는 경우에도 장시간이 소요된다.

척추측만증이 생겨도 척추의 휘어지는 각도가 작을 경우에는 성장에 큰 영향을 미치지 않지만 만곡도, 즉 척추가 휘는 정도가 클 경우에는 키가 안 자라게 된다. 즉 다리는 계속 길어지지만 척추가 휘므로 상체가 성장하지 않는 것처럼 보인다. 일반적으로 키가 작은 아이 중에서 상체는 짧고 다리만 유독 긴 경우 척추측만증을 의심해볼 수 있다. 전문의들은 보통 척추가 10도 이상 휘었을 때부터 척추측만증이라고 진단한다.

척추측만증을 치료하다 보면 치료 1개월 만에 키가 1~2센티미터 정도 자라는 경향을 볼 수 있다. 이는 척추가 바로 펴지면서 키가 커진데다가 한약, 침, 운동, 추나 등을 통해서 성장이 촉진된 결과라고 볼 수 있다.

척추측만증의 주요 증상은?

척추측만증은 체형 이상 외에 별다른 증상이 없으므로 세심한 관찰이 필요하다. 대개는 아이가 목욕할 때나 학교 신체검사에서 한쪽 어깨와 등, 허리가 다른 쪽보다 튀어나온 것을 보고 처음 발견하곤 한다. 증세가 심해지면 갈비뼈가 한쪽은 두꺼워지고 한쪽은 얇아지는 것처럼 보이기도 하며, 한쪽이 튀어나와 있는 것처럼 보이기도 한다. 심할 경우 갈비뼈가 심장이나 폐를 압박해 호흡곤란이나 혈액순환부전증을 유발시키기도 한다. 증세가 더욱 악화되면 척추가 기형적으로 변하며 몸이 틀어지게 된다.

이런 척추측만증은 진행속도가 매우 빨라 척추가 20도 휘어진 환자가 치료하지 않고 방치한 경우 30~40도 이상으로 진행되는데 불과 몇 개월밖에 걸리지 않는다. 즉 척추측만증은 조기발견이 관건이므로 평소 아이의 몸에 세심한 주의를 기울여야 할 것이다. 초기엔 별다른 이

Tip · 척추에 나쁜 습관

- 장시간 바닥이나 의자에 양반다리로 앉아 있는 습관
- 평소 다리를 꼬고 앉는 습관
- 평발 등의 이유로 갖게 되는 나쁜 보행 습관
- 장시간 비뚤게 앉아 있는 습관
- 소파에 한쪽으로 기대어 TV를 오래 보는 습관
- 등을 펴지 않고 오랫동안 게임이나 컴퓨터를 하는 습관
- 고개를 숙이고 스마트폰을 보거나 책을 오래 읽는 습관

상이 없어 발견이 쉽지 않지만, 부모가 조금만 관심을 기울이면 수술까지 가는 사태를 막을 수 있다.

척추측만증 자가진단 어떻게 할까?

척추측만증을 집에서 가장 쉽게 진단할 수 있는 방법은 '전방굴곡검사'이다. 먼저 똑바로 선 상태에서 무릎을 펴고 허리를 직각이 될 때까지 구부린다. 이때 등이나 허리가 한쪽이 튀어나와 있으면 측만증을 의심하고 방사선 촬영을 통해 각도를 측정해 10도 이상 차이가 나면 측만증으로 진단하는 것이다. 이밖에 어깨가 한쪽으로 치우쳐 있거나 몸이 한쪽으로 기울어져 있다면 척추측만증을 의심해봐야 한다.

척추측만증을 예방하려면?

척추측만증이 없는 아이도 10세 이후부터 척추의 성장이 완성되는 17~18세까지는 정기적으로 체크해주는 것이 좋다. 또한 운동을 통해서 오랫동안 굳은 나쁜 자세를 바로잡는 것이 좋다. 운동은 나쁜 자세를 바로잡는 가장 좋은 방법이다. 바른 자세를 만들기 위해서는 매주 3회 이상 꾸준히 운동하고, 정상적인 자세를 되찾았다면 일상생활의 나쁜 습관을 멀리하고 의식적으로 좋은 자세를 유지하도록 노력해야 한다. 다리에 골반의 근력을 증가시킬 수 있는 걷기, 수영, 가볍게 달리기 등의 전신 유산소 운동과 스트레칭 등의 유연성 운동이 효과적이다.

또한 자신의 몸에 맞은 책상과 의자를 사용하고 올바른 자세를 유지하는 것이 중요하다. 또한 척추에 부담을 3배 이상 가중시키는 비만을 경계해야 하며, 앉아서 생활하는 시간이 길어질수록 척추측만증이 생기는 빈도도 높으므로 주의를 해야 한다. 가장 중요한 것은 척추측만증이 의심되면 바로 전문의를 찾아 진단을 받은 뒤, 교정 및 치료를 받는 것이다.

일자목, 습관으로 키운 병이 몸을 망친다

요즘 아이들은 대부분의 시간을 무엇인가를 들여다보면서 지낸다. 스마트폰, 게임기, 컴퓨터, 태블릿 PC 등 각종 편리한 정보 기기들을 아이들이 사용하는 시간도 점점 늘고 있는데, 이러한 기기들이 아이들의 삶에 너무 깊숙이 침투해 있어 문제가 된다. 우는 아이를 달래기에 스마트폰만큼 좋은 것도 없을 정도이며, 퇴근한 부모님에게 스마트폰을 내놓으라고 성화하는 아이들이 많다. 이로 인해 스마트폰 중독 등 각종 부작용도 커지고 있는데, 자제력이 부족한 아이들에게 스마트폰 중독이 더욱 심각한 이유는 아이들의 성장을 방해하고 체형을 불균형하게 만들기 때문이다. 그래서인지 체형교정센터를 찾는 연령대도 점점 낮아지고 있으며 직장인에게 나타나는 일자목 현상이 어린이들에게도 많이 나타나고 있다.

특히, 성장기 아이들에게 척추가 앞쪽으로 굽는 전만현상(체형이 앞으로 쏠려 있는 상태)은 척추가 좌우로 휘어지는 척추측만증보다 더 교정하기 힘들며, 키가 잘 안 자라는 원인이 되므로 주의가 필요하다. 특히 척추가 휘면서 O자형의 휜다리가 될 가능성이 크므로 각별히 신경 써야 한다.

일자목이 생기는 원인은 잘못된 생활습관 탓

사람의 머리 무게는 평균 4.5킬로그램으로 볼링공 하나의 무게와 맞먹는다. 그에 반해 경추의 굵기는 성인의 엄지손가락 뼈 정도다. 엄지손가락이 볼링공을 지탱하며 지지하는 것은 불가능하지만 우리 목은 그것을 해낼 수 있다. 목에 있는 C자 곡선이 스프링처럼 충격을 분산시키기 때문이다. 이 곡선이 일자로 뻣뻣하게 펴진다면 외부충격이 그대로 뇌와 척추로 전달되어 문제가 커진다. 목뼈 사이에 있는 디스크(추간판) 역시 지속적인 압박을 받게 돼 납작해지면서 목 디스크(경추간판탈출증)를 일으킬 수 있기 때문이다.

일자목은 말 그대로 목이 일자로 펴지는 증상이다. 선천적 질환이나 병이라기보다 교통사고와 같은 외부충격 또는 잘못된 자세 등 생활습관 탓으로 생기는 경우가 대부분이다. 교통사고는 뒤에서 들이받는 추돌사고를 당했을 때, 턱이 뒤로 젖혀졌다가 앞으로 꺾이면서 경추의 C자 곡선이 비정상적으로 펴져 일자목이 되기 쉽다. 이런 외부충격은 목근육의 긴장으로 인해 생기는 일시적인 경우가 대부분이라서 외부충격이 디스크로 이어지는 확률은 높지 않다. 다시 말해 일자목은 외부충격보다는 잘못된 생활습관에서 비롯되는 경우가 많다는 의미다.

생활습관 일자목은 목을 앞으로 빼고 어깨를 구부정하게 하는 자세로 인해 생기는 경우가 대표적이다. 하루 종일 컴퓨터를 쳐다보거나 책을 볼 때 이런 자세가 되기 쉬운데, 이런 자세가 습관이 되면 목이 일자로 굳어진다. 그밖에 발에 맞지 않는 신발을 신거나 소파에서 잠이 드는 습관이 있거나 등받이 없이 바닥에 앉는 습관처럼 생각지 못한 습관이 일자목의 원인이 되므로 주의해야 한다. 등을 기대고 앉지 않으면 자세가 자연스럽게 구부정해진다. 척추를 구부리면 자연스럽게 턱이 앞으로 나가 일자목 자세를 하게 되므로 주의해야 한다.

발에 맞지 않는 신발을 신으면 무릎과 허리를 쭉 펴지 못하고 구부정하게 걷기 쉽다. 구부정한 자세는 일자목을 만들어 목 근육에 부담을 주고 어깨 결림의 원인이 된다. 또한 소파 팔걸이를 베고 자거나 높은 베개를 사용하는 생활습관은 목뼈를 앞으로 푹 꺾이게 해 목 뒤 근육과 어깨 근육이 함께 늘어나 통증을 유발한다. 이런 자세가 습관이 되면 목 디스크의 직접적인 원인이 될 수 있다.

일자목, 왜 위험한가

일자목이 되면 머리 무게를 분산하는 목의 역할을 제대로 수행할 수 없어 양 어깨와 목 근육에 부담을 주게 되므로 만성적인 어깨 무거움이나 뻐근한 목의 통증으로 고통받게 된다. 그러나 일자목이 어깨나 목의 통증을 일으킨다는 것은 알고 있지만 2, 3차적인 질환으로 이어질 수 있다는 것은 모르는 경우가 많다. 일자목으로 경추가 틀어지면 턱관절 장애나 두통, 목 디스크 등을 유발할 수 있다. 일자목으로 인한 턱관절 장애는 혀뿌리에 붙어 있는 V자 모양의 작은 뼈인 설골과 관련이 있다. 설골은 턱과 근육이 연결된 곳으로 말을 할 때 발성을 돕고 이들의 움직임에 관여한다.

일자목이 되면 설골에 붙어 있는 근육이 늘어나거나 경직돼 하악골(아래턱뼈)을 아래로 잡아당겨 턱 관절 사이 디스크에 압박을 준다. 또한 목뼈의 모양이 변형돼 목과 어깨 뒤쪽 근육이 긴장되면 뇌혈류를 저하시켜 두통을 유발하며 이와 함께 머리가 멍해지기도 한다. 일반 두통과 달리 이러한 경추성 두통은 목부터 시작된 통증이 서서히 머리로 올라가면서 머리를 옮죄는 느낌과 어깨 부근이 묵직해지는 특징이 있다.

일자목이 두려운 것은 목 디스크로 발전하기 때문이다. 목의 정상 곡선이 변형되면서 가장 많이 꺾인 부분에 무게가 집중되고 그 부위의 디스크 간격이 좁아지면서 신경이 나오는 구멍을 압박한다. 이때 디스크가 조금만 나와도 쉽게 신경을 눌러 목 디스크가 발생하기 때문에 주의해야 한다. 일자목은 증상 자체를 질환으로 볼 수 없지만 여러 연관 질환의 원인이 되기 때문에 빠른 진단과 교정이 필요하다.

일자목은 어떻게 예방하고 치료하나

일자목인지 아닌지 알아보는 가장 간단한 방법은 병원에서 엑스레이 촬영을 받는 것이다. 물론 자가진단으로도 일자목을 가늠해볼 수 있다. 겉에서 봤을 때 일자목이 많이 진행된 사람은 소위 '고양이 등'이라 부르는 모양으로 등 위쪽이 볼록 튀어나온 경우가 많다. 이것은 목뼈가 일자로 펴지면서 목과 등이 이어지는 연결부위가 뒤로 밀려나 변형된 것이다. 더 확실한 방법은 바른 자세에서 가운데를 수직선으로 그었을 때 그 선이 어깨 중간을 지나는 수직선 앞쪽으로 2.5센티미터 정도 되면 일자목이 진행된 것으로 볼 수 있다.

　일자목이 발생했을 때는 기본적인 약물치료, 물리치료와 함께 척추의 정렬을 다시 조정하는 척추교정치료를 하거나 특수보조기를 착용한다. 하지만 대개는 특별한 치료가 필요 없다. 일자목의 진행 정도가 심하지 않다면 생활자세를 교정하고 틈틈이 스트레칭을 하는 것만으로 교정할 수 있기 때문이다. 특히 앉아 있는 자세와 수면 자세는 하루에 5시간 이상 취하는 자세이므로 바른 자세를 하는 습관을 들여야 일자목을 교정할 수 있다.

일자목 예방법

① 일자목을 만드는 주범인 컴퓨터 모니터를 볼 때는 눈높이에 맞춰 사용한다. 모니터와 눈높이가 맞으면 자연히 머리가 뒤로 당겨져 목 부분의 스트레스가 줄어든다.
② 스마트폰이나 DMB로 텔레비전을 시청할 때는 기기를 들어 눈높이에 맞춰 시청한다. 척추 전체의 곡선을 정상적으로 유지하기 위한 노력의 일환이다. 특히 아이들의 경우 스마트폰 중독 방

지를 위해서 일일 1~2시간이 넘지 않도록 사용 시간을 제한해야 하며, 엎드린 자세는 절대 피해야 한다. 휴대전화 받침대 등을 적극 활용해 바른 자세로 의자에 앉아 사용하게 하는 것도 좋은 방법이다. 이때 아무리 자세를 바르게 잡아줘도 자꾸 흐트러지거나 구부정한 상태가 편하다면 이미 체형이 많이 변형된 상태이므로 체형교정 전문 기관의 도움을 받는 것이 좋다.

③ 일자목이 있는 사람 중에는 목 자세를 바로잡겠다며 허리는 그냥 둔 채 목만 안으로 밀어 넣으며 앉는 사람이 있는데, 이러한 자세는 효과가 없다. 목을 숙이는 자세를 취하면 허리가 구부정해지고 허리가 구부정해지면 다시 목이 앞으로 나오게 되어 악순환만 반복된다. 허리를 쭉 펴면 자연스럽게 목도 펴지는데 앉을 때 엉덩이를 의자 깊숙이 묻고 등은 등받이에 밀착한 뒤 복근에 힘을 주고 허리를 편다. 턱은 안쪽으로 당기고 머리는 가볍게 위에서 잡아당긴다는 느낌으로 앉는 것이 바른 자세다.

④ 잠잘 때는 베개의 높이가 중요하다. 경추의 만곡을 살려주는 베개를 사용하면 목뼈의 굴곡을 유지할 수 있다. 정상적인 높이의 베개는 반듯하게 누워서 잘 때 4~5센티미터 정도다. 잘 때 무릎 오금 부위에 쿠션을 받쳐주는 것도 목의 곡선뿐만 아니라 척추의 S곡선이 유지되어 척추 건강에 좋다. 자신에게 맞는 베개를 찾기 어렵다면 수건을 이용해 베개를 만든다. 수건을 자신의 팔뚝 굵기로 말아 목 아래 받치고 자면 곡선을 유지할 수 있다. 경추의 만곡을 만들어주는 치료용 베개 '경침'을 구입하는 것도 좋다.

목 건강을 지켜주는 간단한 스트레칭

- **앞으로 고개 숙이기**

  어깨 넓이로 바르게 앉거나 선다. 양손을 깍지 끼고 고개를 앞으로 지그시 누른다.

- **45도 방향으로 고개 숙이기**

  오른손을 들어 고개를 오른쪽으로 지그시 눌러준다. 이때 왼쪽 어깨는 내려준다. 이 동작을 좌우 모두 실시한다.

- **양손 턱에 대고 고개 뒤로 젖히기**

  두 손을 깍지 끼고 엄지손가락 끝으로 목 앞쪽을 가볍게 눌러준다는 생각으로 턱을 밀어 올린다.

성장을 위해 지켜줘야 할 바른 자세

오늘날 아이들은 "똑바로 앉아!"라는 간헐적인 훈계만을 들을 뿐 자세에 대한 바른 가르침은 받지 못하고 있다. 가령 앉는 자세의 경우 어른들 대부분도 어떻게 앉는 것이 올바른 방법인지 모른 채 요추에 잔뜩 힘을 주고 딱딱한 자세를 취하지만 머지않아 지쳐서 다시 구부정한 자세로 돌아오기 일쑤다.

몸의 이상적인 구조는 대칭하는 것들의 정상적인 균형을 뜻한다. 즉 몸이 균형을 유지하고 있다는 것은 건강과 체형이 올바르게 자리 잡고 있음을 의미하는 것이다. 그런 이유로 조금이라도 몸의 균형이 무너졌을 때 그 영향은 연쇄적으로 신체의 다른 부위에 전달되고 건강과 체형에 이상신호를 만들어낸다. 그렇다면 몸의 균형을 이루는 비결은 무엇일까? 그 비결은 의외로 간단하다. 평상시 바른 자세를 유지하는 것이다. 사람이란 모름지기 서 있거나 앉아 있거나 누워 있는 상태로 대부분의 시간을 보내기 때문이다. 특히 현대인들은 앉아서 생활하거나 일을 하는 경우가 많으므로 이때 잘못된 자세가 습관으로 굳어지면 근육과 뼈의 이상으로 인해 몸에 불균형을 가져올 수 있으므로 바른 자세를 유지하는 것은 더더욱 중요한 일이다. 그런데 바른 자세는 가장 쉬워 보이지만 가장 실천하기 어려운 건강관리 방법이기도 하다.

그렇다면 바른 자세를 어떻게 정의를 내릴 수 있을까? 간단하게 설명하자면 '몸 전체의 부담을 가장 적게 하는 자세'라고 할 수 있다. 몸 전체의 부담이 적다는 것은 신체의 좌우 어느 한쪽으로 치우침이 없이 같은 힘과 무게를 실은 상태를 뜻한다. 이 상태를 유지하며 앉고 서고 눕고 걷는 것이 바른 자세의 가장 기본이 된다.

그 원인이 무엇이든 어른은 물론 성장기 아이들의 척추 또한 예외 없이 뒤틀리고 짓눌려 있다. 지금 당장은 상당히 가벼운 문제일 수 있다. 하지만 십 수 년의 세월이 흐르면 누적된 벽이 한계에 이르러 상태가 점점 악화될 것이 분명한 크나큰 문제다. 일단 한계를 넘어서면 신경과 골격이 실제로 손상되어 통증이 발생할 위험이 높아지고 인체 내부 장기의 불균형으로 이어질 가능성이 크다. 따라서 몸의 균형을 유지하기 위해서는 늦기 전에 생활 속의 자세들을 점검해 바르게 서고 앉고 눕고 걷는 자세를 익혀야 한다. 세 살 버릇 여든까지 간다는 속담도 있지 않은가.

바른 자세를 위해 최소한의 근육이 필요하다는 점도 잊지 말아야 한다. 즉 바른 자세를 익히는 것 못지않게 척추기립근, 엉덩이 근육, 복근을 강화시키는 운동은 반드시 해야 한다. 자세를 교정하더라도 근육이 없으면 바른 자세를 유지하기가 힘들기 때문이다.

스트레스 관리도 중요하다. 어떤 면에서 보면 이는 가장 어려운 일일 수도 있다. 하지만 아무리 자세가 좋더라도 가슴 안에서 올라오는 것은 몸에 뭉치게 마련이므로 지나친 스트레스를 받지 않도록 주의해야 한다. 예를 들어 지나치게 건강에 대해 강박관념을 갖지 않도록 하고 바른 자세와 좋은 습관을 들이도록 많은 노력을 기울여야 한다. 또한 운동과 식단은 지나치게 엄격하게 관리하지 않는다.

자세 교정이란 것은 거창한 치료보다 평소에 틈나는 시간을 이용해 습관을 들이는 것이 중요하다. 일상생활에서 자신이 어떻게 서 있는지 보고 조금씩 고치는 습관만 들여도 자세 교정 효과가 있다.

바르게 서기

바른 자세로 걷는 것의 시작은 발이다. 흔히 "바른 자세로 걸어라" "똑바로 서라"라고 말하지만 발의 정렬이 맞지 않는 상태에서는 바르게 서는 것도 바르게 걷는 것도 어려운 일이다. 발의 정렬이 맞는지 알아보려면 자주 신는 신발의 바닥을 살펴보면 된다. 신발 바닥의 닳은 부분이 어디인지에 따라서 발의 어느 부분에 힘이 실리는지, 보행 습관이 어떠한지를 대략적으로 짐작할 수 있다.

오랜 기간 발의 정렬이 맞지 않은 상태로 보행을 하다 보면 평발이 되거나 무지외반증(엄지발가락이 바깥으로 돌아가는 질병) 등이 생기기도 한다. 또한 과도하게 굽이 높은 신발을 신거나 앞뒤 굽이 모두 높은 통굽 신발을 신고 오랜 시간 걷다 보면 발과 다리는 물론 허리와 온몸이 피로해진다.

발의 정렬이 무너진 상태에서는 오래 서 있거나 걸을 때, 혹은 뛸 때 바닥에서부터 오는 충격의 완충을 제대로 할 수 없다. 따라서 신체를 받치고 있는 발의 정렬부터 맞춰야 그 위에 있는 다리, 골반, 상반신의 정렬도 바르게 된다. 그렇다면 바르게 서는 방법을 훈련하려면 어떻게 해야 할까?

① 먼저 양발을 붙이고 뒤꿈치를 벽에 밀착시킨다.
② 그 다음 엉덩이, 어깨 라인, 뒤통수를 차례로 벽에 붙이고 선다. 이 때 턱은 살짝 당겨준다.
③ 이 상태로 무릎 안쪽에 힘을 줘서 붙인다.

 집에서 할 수 있는 간단한 발 운동

오랜 시간을 신발 속에 갇혀 체중을 싣고 있는 발을 위해 집에서 쉽게 할 수 있는 간단한 운동을 소개한다.

- **발로 가위바위보 게임 하기** 발을 이용해 가위 바위 보를 하면 발가락 사이 사이 근육을 스트레칭하는 효과가 있다.

- **발바닥의 삼각점을 인식하고 체중을 똑같이 나누어 서 있는 연습하기** 엄지발가락 아래, 새끼발가락 아래, 발뒤꿈치에 체중을 똑같이 싣고 서 있는 연습을 하면 저절로 바른 자세로 서 있게 된다.

- **손이 하는 일을 발에 나누어 주기** 벗은 옷을 빨래바구니에 넣거나 아래쪽에 있는 서랍을 여닫는 일 정도는 발을 이용해본다.

쉬운 것 같지만 처음에는 1분도 안 돼서 허벅지와 배가 뻐근해질 것이다. 특히 체형이 안 좋은 사람들에게는 어려운 자세일 수 있다. 하루에 3분 정도만 해도 효과가 있다. 집에서 텔레비전을 보거나 지하철을 기다릴 때 스크린도어에 비친 모습을 보면서 이 자세를 생활화하면 자투리 시간을 알뜰히 사용할 수 있다.

바르게 앉기

학교에서나 학원에서 앉아 있는 시간이 많은 우리 아이들은 바른 자세보다 편한 자세를 취하다 보니 척추 건강을 해치기 쉽다. 따라서 바르게 앉는 자세와 습관을 가르쳐야 한다.

바르게 앉게 되면 앉아 있는 시간을 늘려줄 뿐 아니라 집중력도 향상된다. 뿐만 아니라 척추에 부담을 주지 않는 바른 자세로 앉는 습관이 들면 키 성장에도 도움이 된다. 하지만 평소 습관이 들었던 나쁜 자세를 교정하다 보면 근육 통증이 느껴질 수도 있다. 많이 사용하지 않던 근육이 새로운 역할에 적응하느라 비명을 지르는 것이다. 놀랍게도 그동안 과하게 사용했던 근육들도 긴장이 풀리면서 약간의 통증을 유발하기도 한다. 젖산이 주변 조직으로 분비되기 때문이다. 이 두 경우 모두에 발생하는 근육 통증은 일시적이라서 따뜻한 목욕과 마사지, 휴식, 또는 침술로 해소할 수 있다.

앉아서 공부나 업무를 하다가 집중력이 흩어지는 순간을 살펴보면 대개 몸이 불편할 때다. 따라서 공부를 하다가 다리가 불편하거나 어깨나 허리가 결려오면 잠시 긴장을 풀고 자세를 바꾼 다음 다시 공부를 시작하는 것이 바람직하다. 바르게 앉는 습관을 들이다 보면 좌우균형으로 대칭된 바른 자세가 가장 편하다는 것을 알 수 있다.

① 바르게 앉기 자세의 첫 번째 원칙은 의자 등에 척추를 대고 길게 늘이는 것이다. 이렇게 하면 척추에 가해지는 압력이 감소하고 손상 부위가 더 이상 악화되지 않고 회복된다. 기다란 허리 근육이 현저하게 늘어나 전보다 훨씬 더 길고 건강에 유익한 상태를 유지할 수 있고, 몇 달이 지나면 척추만곡이나 척추 압축으로 키가 줄어든 상태에 따라 키가 크는 경험도 할 수 있을 것이다.

② 바르게 앉기 자세의 두 번째 원칙은 어깨를 앞에서 뒤로 돌리는 '어깨 돌리기' 동작으로 어깨를 본래의 기준 위치로 돌려놓는 것이다. 컴퓨터 자판을 치거나 악기를 연주할 때, 혹은 컴퓨터 게임을 하는 등 어깨를 웅크려 팔에 부담을 주는 자세로부터 어깨의 위치를 바로 잡는 동작인데, 통증이나 손상 없이 훨씬 더 오랫동안 집중력을 발휘해 공부를 할 수 있게 된다.

③ 바르게 앉기 자세의 세 번째 원칙은 목을 길게 늘이고 바르게 정렬하는 것이다. 이 원칙만 따르면 목이 훨씬 편안해지고 목 부분의 경추에서 뻗어 나오는 신경의 기능이 개선된다. 양팔에 분포된 신경들은 모두 목에서 뻗어 나오기 때문에 건강에 이로운 목의 위치를 되찾아야 한다.

④ 바르게 앉기 자세의 네 번째 원칙은 발을 건강에 이롭게 정렬하는 것이다. 양다리를 가지런히 모으고 발바닥 전체를 땅에 대는 것이

다. 두 다리를 모으는 것은 생각보다 쉽지 않다. 다리의 근육이 약해지거나 생활습관으로 인해 고관절이 외전될 수도 있고, 게다가 골반이 틀어져 있으면 다리를 항상 꼬게 된다. 무릎을 꼬기도 하고, 발목만을 꼬기도 하고, 발목을 반대편 무릎에 올려놓기도 하며, 의자에 양반다리를 하고 앉아 있기도 한다. 그러나 이러한 자세들은

Tip 의자에 앉을 때 유의할 점

① 귓구멍에서 수직선으로 내렸을 때 어깨, 몸통, 골반이 중심을 통과해야 한다.
② 의자는 가급적 등받이가 있는 의자가 좋다. 엉덩이를 의자 안쪽으로 자연스럽게 밀어넣고 등을 의자 등받이에 대고 길게 늘인다.
③ 책상과 의자 사이가 너무 떨어지지 않도록 바짝 붙어 앉는다. 책상이 몸에서 너무 멀리 떨어져 있으면 목과 허리가 앞으로 구부러지므로 좋지 않다.
④ 가급적 팔걸이가 있는 의자를 선택해 일어서거나 앉을 때 지지할 수 있도록 한다.
⑤ 의자 끝에 걸터앉거나 다리를 꼬고 앉지 않는다.
⑥ 의자의 높낮이는 무릎이 골반보다 약간 높은 것이 좋다.
⑦ 책상의 높이는 팔꿈치보다 5센티미터 정도 높은 것이 좋다.
⑧ 쿠션을 무릎 사이에 끼워 안으로 끌어안는 운동을 하는 것도 좋다.

모두 척추에 무리가 가는 자세다. 온몸의 신경은 대부분이 척추에서 뻗어 나오기 때문에 척추가 정상화되면 전체적인 건강이 좋아짐은 당연한 일이다.

바르게 걷기

길거리를 걷고 있는 아이들 중에 바른 자세로 걷는 아이들이 몇이나 될까? 대개의 사람들은 일상적인 활동을 할 때 흔히 근육은 적게, 관절은 과도하게 많이 사용한다. 하지만 그러다 보면 근육은 강화에 유익한 압력을 충분히 받지 못하고 관절은 압력을 지나치게 많이 받아 마모된다. 예를 들어 사람들 대부분이 그렇듯 걷는 자세가 나쁘면 체중을 지탱하는 무릎과 엉덩이 척추 관절이 상하고 한 발짝 걸을 때마다 덜컹거린다. 엉덩이와 다리 근육도 많이 사용하지 않게 된다. 반면 바르게 걸으면 다리와 엉덩이근육을 사용해 매끄럽게 앞으로 나아가고 부드럽게 착지한다. 이때 관절은 충격을 크게 받지 않는다. 결과적으로 근육은 힘을 얻어 튼튼해지고 관절은 손상되지 않게 되는 것이다.

이처럼 바르게 걷는다는 것은 일상생활에서 아주 큰 부분을 차지하는 것으로 아이뿐만 아니라 어른들도 함께 고쳐야 할 부분 중 하나다. 더구나 한창 성장 중인 아이들에게는 더욱 중요한 부분이라 할 것이다. 척추 질환으로 인해 걷는 데 어려움을 호소하거나 목 또는 허리가 아픈 아이들이 점점 많아지고 있기 때문이다. 이렇게 척추가 삐뚤어진 아이들은 소화장애, 학습장애, 성장장애 등이 생길 수 있으므로 적절한 시기에 치료를 해주는 것이 중요하다. 아울러 전문의를 찾아 틀어진 자세를 바로 잡고 평소 잘못 걷는 자세를 교정시켜주면 성장에 많은 도움이 된다. 바른 걸음걸이로 키도 클 수 있을 뿐만 아니라 숨은 키도 찾을 수 있다. 그렇다면 어떤 걸음걸이가 바른 자세일까? 이런 점을 유의해 바르게 걷는 자세를 익혀보도록 하자.

① 이상적인 보행 자세는 아랫배가 들어갈 수 있도록 힘을 주고, 엉덩이도 다소 힘이 들어가서 약간 들어 올리듯이 걷는 것이다. 옆에서 보아 귓볼, 목 옆, 팔, 무릎, 발목이 일직선이 되어야 한다.

② 머리는 약간 뒤로 젖히고 어깨는 자연스럽게 낮추어 좌우 어깨선이 수평을 이루어야 하며, 등뼈는 곧게 펴야 한다.

③ 걸을 때 어깨와 허리는 흔들며 걷지 않도록 해야 하며, 시선은 10~15센티미터 앞에 두고, 어깨와 가슴을 쫙 편다.

④ 엉덩이는 뒤로 빼지 않도록 해야 하며, 발바닥이 땅에 닿을 때는 발뒤꿈치, 발바닥 중간, 발 앞바닥이 순차적으로 땅에 닿는 삼박자 보행으로 걷도록 노력한다. 걸을 때 팔은 자연스럽게 흔들면 된다.

이것이 바르게 걷는 가장 기본적인 자세다. 처음에는 힘이 들 수 있으나 항상 몸에 익숙해지도록 습관을 들이면 평생 척추 건강을 책임질 만큼 효과적이다.

바른 자세로 걷기란 보통 힘든 일이 아니다. 하지만 키가 잘 자라려면 척추가 삐뚤어지지 않도록 해야 하며, 척추를 바르게 유지시키려면 걷는 자세가 중요하다. 즉 걷기 자세를 제대로 한다면 아이들 성장에 많은 도움이 된다. 일단은 아이들의 걸음걸이와 자세가 바른지 체크해

보고 집에서부터 바른 자세로 걷는 운동을 하는 것이 바람직하다. 혹시 자세의 삐뚤어짐이 심하다면 전문의를 찾아 치료를 받는 것이 좋다.

바르게 눕기

바르게 눕는다는 것은 본인이 느끼기에도 불편함이 없어야 하고 신체도 어느 한 부분 기울어지지 않고 편안한 것을 의미한다. 바르게 눕는 것이 중요한 이유는 우리가 하루 24시간 중 3분의 1인 8시간을 잠을 자는 데 쓰기 때문이다. 잠자는 시간은 낮 동안 쌓인 피로는 푸는 것 이외에 인체 생리 기능을 정상적으로 바꿔놓는 중요한 시간이다. 잠을 자는 동안은 조금만 불편해도 아침에 일어났을 때 개운하지 않으며 목과 어깨가 뭉치고 여기저기가 아픈 증세가 나타난다. 행여 잠을 잔다고 하더라도 밤새도록 엎치락뒤치락하면 몸의 피로가 풀릴 수가 없다. 이렇게 잠을 못 자게 되면 자율신경계의 교감신경이 극도의 흥분상태를 유지해서 몸이 예민해진다.

그러나 이완된 중립적 자세로 잠을 청하면 건강한 자세를 찾아 밤새 뒤척이는 일 없이 오랫동안 한 자세로 잠을 잘 수도 있고 잠에서 깨어났을 때도 더 없이 상쾌하고 편안한 느낌이 든다. 낮 동안 자유롭게 움직여서 행여나 골격에 생긴 불균형을 바르게 잡을 수도 있다. 설령 잠을 자지 않더라도 바르게 눕는 자세는 허리 근육을 쭉쭉 늘여서 건강에 이롭다.

바르게 눕는다는 것은 몸의 긴장을 최대한 줄이고 골격을 바르게 한다는 것을 뜻한다. 골반을 바르게 해서 척추가 휘어지는 것을 막고, 올바른 베개를 사용해서 몸이 바닥에 닿을 때 목의 불편함을 없애준다. 바르게 눕는 자세는 다음과 같다.

① 먼저 무릎을 구부리고 발을 바닥에 평평하게 붙인다.
② 그런 다음 팔꿈치에 의지해 척추를 길게 늘이면서 천천히 뒤로 눕는다.
③ 이때 허리를 길게 늘이려고 활처럼 구부리는 실수를 범하기 쉬운데 그렇게 하면 오히려 허리에 무리가 갈 수 있으므로 주의한다.
④ 베개에 어깨와 목, 머리가 가볍게 올라가도록 하고 목을 부드럽게 늘이며 어깨를 아래로 미끄러뜨린다.
⑤ 마지막으로 양팔을 편안하게 양옆으로 놓은 다음, 다리를 쫙 펴서 힘을 뺀다. 허리와 침대 사이에 공간이 생기는지 확인해본다.

 누울 때 배게 꼭 써야 하나?

베개를 사용하지 않고 눕게 되면 목이 뒤로 넘어가면서 목과 허리에 긴장이 유발된다. 그래서 긴장을 피하기 위해서 옆으로 눕게 되는데, 이럴 경우 바닥을 향하는 어깨가 압박을 받게 되고 목은 바닥을 향해서 옆으로 기울어진다. 이런 자세로 잠을 자게 되면 통증을 피하기 위해서 계속 뒤척이게 되어 숙면을 취할 수가 없다. 따라서 바르게 누웠을 때 목과 머리를 제대로 받치고 감싸서 긴장을 최대한 줄여주는 베개를 베는 것이 좋다. 이런 베개는 옆으로 누웠을 때 어깨의 압박을 줄여주고 목의 각도를 제대로 유지시켜준다.

이 자세를 충분히 연습하면 허리의 길이가 달라지고 키가 눈에 띄게 커지며 척추를 잡아 늘이지 않을 때도 예전보다 훨씬 편안해지는 것을 느낄 수 있을 것이다. 게다가 많이 뒤척이지 않고도 훨씬 깊은 잠을 잘 수 있게 된다.

척추 건강 체크리스트

다음의 항목을 체크해보자. 해당 항목이 많을수록 척추 건강이 좋지 않을 가능성이 높다고 볼 수 있다. 0~5개 이하일 경우 가벼운 스트레칭만으로도 괜찮다. 6~9개일 경우 운동 처방을 받고 꾸준히 운동을 해야 한다. 10개 이상일 경우 정밀한 척추 건강 검진을 위해 한의사를 찾아 진단을 받은 후 치료를 해야 한다.

- 규칙적으로 운동을 하지 않는다. ☐
- 스케이트, 달리기, 농구, 볼링 등 가끔 갑작스럽게 무리할 정도로 운동을 한다. ☐
- 하루 종일 1000걸음 이하를 걷는다. ☐
- 푹신한 매트리스와 높은 베개를 사용한다. ☐
- 맨 바닥에서 낮잠을 1시간 이상 잔다. ☐
- 평상시 바른 자세를 취하지 않는다. ☐
- 일, 공부 등을 10시간 이상 쉬지 않고 한다. ☐
- 평소 의자에만 앉아 있는 편이다. ☐
- 뒤쪽이 꺼지거나 푹신한 소파에 앉는다. ☐

- 의자 없이 방바닥에만 앉아 있는 편이다. ☐
- 누워서 다리를 올렸을 때 다리 길이에 차이가 있다. ☐
- 양쪽 어깨의 높이가 다르다. ☐
- 반듯하게 누워 허리 부분에 손을 넣으면 잘 들어가지 않는다. ☐
- 옆에서 보면 허리가 앞으로 굴곡이 커서 배가 나온 것처럼 보인다. ☐
- 한쪽 신발 밑창이 더 많이 닳아 있다. ☐
- 팔자걸음 혹은 안짱걸음을 걷는다. ☐
- 목이 뻣뻣하고 어깨, 팔 등이 저리다 ☐
- 똑바로 서서 발꿈치로 걸었을 때 걷기 힘들거나 통증이 있다. ☐
- 까치발을 하고 엄지발가락으로 걸었을 때 걷기 힘들거나 통증이 있다. ☐

성장장애에 대한 한방치료법은 전혀 새로운 것이 아니다. 한의학의 최고 고전으로 전해 내려오는 『황제내경』에는 '감병(疳病)'이라 해 현대의학에서 말하는 식욕부진과 성장장애에 대한 것이 최초로 언급돼 있다. 또 601년경에 저술된 『제병원후론』에는 성장부진의 여러 가지 형태에 대해 소상하게 나누어 기록하고 있다. 이렇듯 한의학적인 성장치료는 오랜 역사와 전통을 가진 치료법이라 할 수 있다.
한방 성장치료의 최대 장점은 아이의 몸 상태를 조절해줘 신체의 균형적인 성장을 돕는다는 데 있다. 아이들의 성장장애의 최대 원인인 식욕부진과 그 밖의 여러 가지 장부 이상 유무에 따른 원인별 치료가 가능하다는 것도 이점이라 할 수 있을 것이다. 무엇보다 성장장애에 대한 한방요법의 좋은 점은 부작용이 거의 없다는 것이다. 그 이유는 한방적인 정통치료가 소아 성장과 인체 면역 기능 향상에 뛰어난 효과가 있기 때문이다. 이번 파트에서는 한방에서 시행하는 성장치료에는 어떤 것이 있으며, 어떤 효과가 있는지 등 한방에서 이루어지는 성장치료에 대해 집중적으로 알아보고자 한다.

PART

한방 성장치료로
작은 키 고민 끝

한방 성장치료는
정확한 진단부터 시작한다

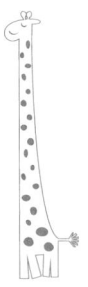

잘 먹고 잘 자고 배변 잘 하고 많이 운동하면 다들 주어진 만큼 자랄 수 있다. 하지만 남들보다 키가 작은 경우에는 이러한 원인들 중 무언가 잘 되지 못하는 게 있다는 뜻이다. 한방 성장치료는 성장에 장애가 되는 요소들(숙면을 취하지 못하든지, 소화기계가 좋지 않은 것, 코막힘 등의 알레르기 질환, 배변이 제대로 잘 안 되는 것 등)을 제거해 성장에 도움이 되도록 하는 것이다.

그런데 한약을 먹는다고 모든 아이가 금방 쑥 크거나 하진 않는다. 다만 한약으로 치료한 기간만큼 분명히 도움이 된다. 한방 성장치료는 자연스런 방법으로 키를 더 크게 하는 것이지 억지로 성형하듯 키를 키우는 것은 아니기 때문이다. 많은 사람들이 오해하는 것 중 하나가 한방의 성장치료는 성장호르몬의 양을 지나치게 많이 분비되도록 만들고, 과잉 분비된 성장호르몬이 성장의 가속을 초래해 2차 성징을 이른 시기에 발현하게 만들고, 성장판이 결국 빨리 닫힌다는 것인데 언뜻 들어보면 그럴듯해 보이지만 실제로 그렇지는 않다.

한방에서의 성장치료는 체질마다 다른 문제점이나 약점, 불균형을 바로 잡아 정상적으로 분비되지 않았던 성장호르몬이 정상적으로 잘 분비되고, 성장호르몬이 인체에서 최대한 효율적으로 효과를 발휘하도록 돕는 역할을 하는 것이지, 한약 자체에 키를 크게 하는 특정 성분이 있는 것은 아니다. 2차 성징의 발현과 성장판이 닫히는 것 또한 한약으로 빨리 초래할 수 있다고 하지만 실제로 아이들의 2차 성징과 뼈나이는 선천적으로 타고나는 부분이 많고 어릴 때의 뼈나이가 커가면서 변하는 일은 거의 없다. 과거에 비해 평균적으로 아이들의 2차 성징이 빨라진 것 또한 먹거리의 변화, 아이들의 과잉 영양, 학업으로 인한 과도한 스트레스, 운동 부족 등 과거와 달라진 생활상 변화 등의 영향이 더 크다고 할 것이다.

2차 성징과 관련해서 자주 하는 질문 중 하나가 초경을 늦추는 한약이 있느냐는 것이다. 한약은 사람마다의 특성을 고려해서 2차 성징을 가속화시킬 수 있는 후천적인 몸의 문제(예를 들자면 비만)가 있을 때 그것을 바로 잡아서 도움을 주는 방법을 생각해볼 수 있지만, 체질적으로 빠르게 타고난 아이의 체질을 완전히 바꾸는 방법은 없다. 요즘 각종 매체에 등장하는 자극적이고 과장된 홍보성, 광고성 문구에는 검증되지 않은 의학적 사실이 포함되어 있으므로 현혹되어서는 안 된다.

한방에서의 성장치료 기간은 아이의 상태에 따라 달라지는데, 대개 초반에는 3~6개월 정도 기간이 필요하다. 또한 아이 키가 작다고 해서 무조건 성장치료를 받아야 하는 것도 아니다. 지금은 작지만 나중에 크는 아이도 있고 지금은 크지만 나중에 작은 아이도 있기 때문이다. 따라서 아이의 현재 키가 아니라 성인이 되었을 때의 최종 키를 두고 판단해야 한다. 그렇다면 현재 아이의 상태로 앞으로 성장할 가능성, 즉 키가 언제 멈추는지 어떻게 알 수 있으며, 언제 성장치료를 받아야 할지 알아보도록 하자.

현재는 크지만 성장이 일찍 멈추는 아이의 특징
- 뼈 사진을 통해 검사를 해봤을 때 뼈나이가 실제 나이보다 많다.
- 출생 이후 치아가 나거나 걷고 말하는 등의 성장 발육이 빠르다.
- 외모가 또래 아이들에 비해 조숙하다.
- 육체뿐만 아니라 정신적으로 조숙하다.
- 초경(여자)과 변성기(남자) 등 2차 성징이 다른 아이들보다 빨리 나타난다.
- 고기와 같은 동물성 음식을 많이 섭취한다.
- 가족 중 키가 일찍 크고 일찍 멈추는 식의 성장 과정을 겪은 경우가 많다.
- 키에 비해 체중이 많이 나가고 몸에 지방이 많다.
- 아토피성 피부염, 알레르기성 비염, 천식 등 알레르기성 질환으로 어릴 때 스테로이드제제를 장기간 복용했다.
- 체질적으로 열성이라 몸에 열이 많고 땀을 많이 흘린다.

현재는 작지만 늦게 크는 아이의 특징

- 뼈 사진을 통해 검사를 했을 때 뼈나이가 실제 나이보다 어리다.
- 또래 아이들에 비해서 2차 성징이 늦게 나타난다.
- 육체적이나 정신적으로 어리고 아기 같다.
- 야채, 과일과 같은 식물성 음식을 많이 먹는다.
- 외모가 또래 아이들에 비해서 어려 보이고 아기 같아 보인다는 말을 많이 듣는다.
- 부모나 부모의 형제, 조부모 등 가족 중에서 어릴 때는 키가 작다가 늦게 크는 식의 성장과정을 겪은 경우가 많다.
- 출생 이후 치아가 나거나 걷고 말하는 등의 성장 발육이 늦다.
- 키에 비해서 체중이 적게 나가고 몸이 마르고 허약해 보인다.
- 차가운 체질이라 손과 발, 배가 차고 복통이나 설사가 잦다.

성장치료를 받아야 하는 경우

- 키가 반에서 작은 쪽에서 3번째 이내인 아이
- 같은 또래의 평균 키보다 10센티미터 이상 작은 아이
- 1년에 5센티미터 미만으로 크는 아이
- 출생 시 체중이 2.7킬로그램 이하로 태어난 아이
- 조기성장 후 성장속도가 현저히 떨어지는 아이
- 키는 안 크고 비만인 아이
- 감기, 알레르기 등 병치레가 잦은 아이
- 체형이나 자세가 좋지 못한 아이

한방 성장치료의 시기

한방치료도 아이의 성장판이 열려 있을 때 하는 게 바람직하다. 대개의 경우 여학생은 초경 전인 초등학교 3학년, 남학생은 초등학교 4학년 정도에 받는 것이 좋다. 여학생은 생리 시작 후 2년이 넘은 후, 남학생은 변성기가 지난 후 성장판이 닫히고 어느 정도 성장이 멈추므로 그 이전에 뼈나이 검사나 골밀도 검사 후 치료 여부를 가려야 한다.

사실 만 5세가 넘으면 뼈나이, 성장판 상태, 평균신장과 차이 등을 검사해 최종 키를 알 수 있기 때문에 이 진료 결과를 토대로 치료 여부와 시기를 결정해도 괜찮다. 진료 결과 최종 키가 조금 작다면 치료 시기가 약간 늦어도 상관없지만 최종 키가 많이 작을 것으로 나온다면 하루라도 빨리 치료를 시작하는 것이 좋다. 평균보다 작아서 키가 많이 커야 할 경우 빨리 치료를 해야 성장에 충분한 기간을 확보할 수 있기 때문이다. 보통 성장치료 기간은 최소 3개월에서 1년 정도, 1년을 1사이클로 해 3사이클 동안 이루어진다. 치료 시기에 따라 최종 키가 10센티미터 이상 차이가 난다는 것을 명심하자.

작은 키를 깨우는
달콤한 한방치료법

사회적으로 큰 키를 선호하는 추세이다 보니 너무나 많은 성장치료 방법이 성행하고 있다. 약은 물론 건강보조 식품도 홍수처럼 쏟아지고 있어 혼란스러울 정도다. 일반적으로 정형외과나 소아과 등 양방에서 하는 치료들은 대부분 호르몬 주사 치료다. 한창 이슈가 되고 있는 게 일명 '키 크는 주사'라고 알려져 있는 것인데, 이는 전립선암이나 유방암, 자궁내막암 등 성호르몬과 관계가 있는 암에 쓰는 항암제의 일종으로 오남용하는 경우가 많아 주의가 요구된다. 성장기 아이들에게 잘못 처방할 경우 성장에 악영향을 줄 수 있음은 물론, 치명적인 부작용을 초래할 수도 있다.

한방에서 성장 발육을 돕는 치료에는 크게 한약 처방 요법, 침 치료법, 뜸 요법, 추나 요법을 통한 척추 교정 요법으로 나눌 수 있다. 이 중 한약 처방은 가장 보편적인 방법으로, 성장을 도와주는 장기기능의 활성화를 꾀해 성장을 촉진시키고 근육과 뼈를 튼튼하게 해주며 비위계통의 기능을 활성화해 왕성한 영양의 흡수와 신체성장을 촉진하는 데 도움을 주는 탕약을 처방하는 치료법이다. 침 치료법이나 뜸 요법은 성장판 주변의 경혈을 자극해 지속적인 성장을 도우며 성장호르몬의 분비를 촉진시키는 치료법이다.

척추에 이상이 있는 아이들은 척추의 바른 교정 또한 필요한데, 이에 좋은 것으로 추나 요법이 잘 알려져 있다. 척추의 구조적인 틀어짐은 성장을 방해하고 지속적인 신체구조의 기형으로까지 발전할 수 있다. 그러므로 엑스레이 등을 통해 정확한 진단을 한 후 척추의 부정렬로 인한 경우에는 추나 요법 등을 통해 척추의 올바른 교정을 해야 한다.

원인과 체질에 따라 맞춤 처방이 가능한 한약 처방

흔히 성장보약을 생각하면 양기를 보충하거나 성장호르몬 함유가 높다는 녹용, 홍삼, 산수유 등의 양기보충 한약재를 떠올리게 된다. 그러나 모든 사람에게 맞는 만병통치약은 없다. 예를 들어 평소 체력과 기력이 딸리고 몸이 차갑고 사지에 힘이 없거나 코피를 자주 쏟는 아이에게는 양기를 보하는 한약 처방이 도움이 될 수 있지만, 자주 기침을 하고 비염과 아토피에 시달리거나 소아천식을 앓고 있는 아이에게 양기를 보하는 한약재는 오히려 독이 될 수도 있다.

실제로 소아천식, 비염환자가 기를 보하는 한약재를 복용하면 처음에는 기운이 나고 몸이 따뜻하게 느껴져 증상이 호전되는 듯 보이지만, 시일이 지날수록 더욱 목이 마르고 건조해지며 상태가 나빠지는 경우가 많다. 그 이유는 소아천식 환자는 진액이 부족한 병증이므로 진액을 보해줘야만 호전이 되는데 녹용, 산수유, 홍삼 등은 기력을 보해주는 데는 도움이 되지만 진액을 보해주지는 못하기 때문이다.

이처럼 한약으로 성장치료를 하는 경우 사람마다 키가 작은 원인과 체질이 다르기 때문에 각자에게 맞는 치료법과 약을 써야 효과를 볼 수 있다. 우리 아이의 키를 키우는 한약재들이 어떤 식으로 성장에 영향을 미치는지, 장점과 단점은 무엇인지 제대로 알아야만 정확한 처방이 가능하고 장기간 복용을 해도 부작용 없이 키를 키울 수 있다.

성장촉진의 원리에 따른 치료법은 간단하게 두 가지로 요약할 수 있다. 첫 번째 치료법은 성장판을 자극해 성장을 촉진시키는 것이다. 성장판을 자극하는 한약재는 앞서 말한 대로 기를 보하는 처방을 들 수 있다. 하지만 성장판을 자극하는 기를 보하는 한약재 처방은 일시적으로 성장 속도가 증진되는 효과는 볼 수 있지만 성호르몬에 영향을 주기 때문에 장기적으로 복용을 하는 경우 성조숙증의 원인이 되어 성장기간을 단축시킬 수도 있다. 또한 기를 보하는 한약재는 교감신경을 자극하는 성분이 주를 이루고 있어 복용을 계속할수록 점차 예민해지고 밤잠을 설치는 등 일상적인 생활습관을 방해하기 때문에 초기에는 키가 쑥쑥 자라는 듯 보이나 장복하게 되면 오히려 키 성장에 방해가 된다.

두 번째 치료법은 성장판이 자라나기 위한 관절의 상태와 환경을 보존하는 치료법으로 체내의 진액을 보하는 처방이다. 키 성장에 있어서는 성장판 끝의 관절에 넉넉한 공간의 확보와 연골의 유지가 중요하다. 성장판은 뼈의 끝부분에 연골의 형태로 자리 잡고 있는데, 연골과 연골 사이의 공간이 좁아져 맞닿게 되면 더 이상의 성장은 이루어지기 어렵다. 또한 뼈끝의 연골이 말랑말랑한 상태에서는 성장이 이루어지지만 연골이 점차 경화되어 뼈처럼 단단해지는 경우에도 성장은 멈추게 된다. 한의학에서의 진액은 점액, 정액, 애액, 연골 등을 뜻하는 것으로, 수분이나 혈액뿐만 아니라 몸의 공간과 공간을 채워주는 성분, 뼈를 구성하는 성분을 의미하기도 한다.

진액을 보하게 되면 연골 사이의 부족한 성분을 메워주면서 충분한 거리를 확보하게 되어 성장속도를 높일 수 있다. 또한 연골이 너무 빨리 골질로 바뀌지 않게 하기 위해서도 충분한 진액의 보충이 필요하다. 진액을 보충받게 되면 성장기간 자체가 늘어날 수 있기 때문에 최종적인 성장 또한 도움을 받을 수 있다. 보통 진액이 부족한 아이 중에 예민

Tip 　**진액이 부족해 성장이 늦은 어린이의 특징**

- 예민해 밤잠을 잘 이루지 못한다.
- 아토피나 부스럼 등으로 피부의 상태가 고르지 못하다.
- 환경이 변하면 물갈이를 심하게 한다.
- 자주 감기에 걸리거나 항상 달고 사는 경우가 많다.
- 비염, 천식 등 호흡기 장애를 앓고 있다.

하고 밤잠을 잘 못 이루는 아이는 교감신경이 항진되어 있는 것으로, 안정을 시켜주는 치료를 함께해야 한다. 교감신경과 부교감신경의 균형을 바로잡아주면서 실질적으로 성장을 담당하는 성장판의 환경을 관장하는 것 또한 진액의 역할이다.

그러나 앞서 말한 것처럼 진액을 보하는 처방 또한 누구에게나 맞는 만병통치 성장보약은 아니다. 무엇보다 가장 중요한 것은 아이의 키 성장이 느리다면 그 원인이 어디에 있는가를 정확하게 진단하는 것이다. 따라서 한의사에게 정확한 원인을 진단받고 올바른 처방으로 약재를 복용하는 것이 바람직하다.

성장을 돕는 침과 뜸

키를 크게 하는 데는 한약 처방이 가장 대표적이지만 성장판 주변을 자극하는 침이나 뜸 또한 키를 크게 하는 데 도움이 된다. 물론 모든 성장치료에 침이나 뜸을 사용하는 것이 아니라 체질이나 원인에 맞게 사용을 해야 한다.

침 요법에는 성장패치와 약실 요법을 이용한 침술 두 가지 방식이 있다. 두 가지 모두 무릎연골의 성장판을 직접 자극하는 곳에 패치를 붙이거나 침을 놓는 것인데, 패치를 이용할 경우 성장침을 이용하는 경우보다 통증이 적다는 장점이 있지만 효과적인 면에서는 약실 요법을 이용한 성장침이 더 좋다.

뜸 요법이란 쑥을 일정한 크기로 기혈의 통로인 경혈에 놓고 불을 붙여 뜨거운 쑥의 훈증이 인체 내부에 반응토록 하는 방법이다. 한의학에서 침은 경맥(硬脈)을 소통시키고 기혈의 순환을 조화롭게 해 급성 질환이나 열증(熱症), 실증(實症)에 빠른 효과를 나타낸다. 반면에 뜸은 경락을 덥혀 차고 나쁜 기운을 없애줌으로써 양의 기운을 북돋워 치료한다. 뜸은 소염, 해열, 항체 생산에 효험이 있어 만성 질환이나 한증(寒症), 허증(虛症)에 주로 사용된다.

키가 작은 아이들의 경우 만성적으로 설사를 하는 등 장이 좋지 않거나 소화기 계통이 약하거나 한성 체질인 경우가 많다. 그래서 잘 먹지 않고, 잘 먹어도 살이 찌지 않는 등 영양 부족 현상이 일어나기 쉽다. 이런 경우 뜸 요법은 소화기를 따뜻하게 해 소화 흡수 기능을 강화시키고 충분한 영양을 공급해주기 때문에 효과가 있다. 참고로 많은 사람들이 뜸은 뜨겁고 화상의 위험이 있다고 해 꺼리는 경향이 있는데 그런 걱정은 접어두어도 될 듯하다. 뜨겁지 않으면서도 효과는 검증된 뜸이 많이 나와 있다.

척추를 교정해 숨은 키를 찾아주는 추나 요법

추나 요법이란 글자 그대로 '밀 추(推)', '당길 나(拿)'란 의미처럼 척추를 밀고 당겨서 변형된 척추를 바로 잡아주는 치료 방법을 말한다. 척추 질환에 있어 추나 요법은 여러 보존적인 치료와 병행함으로써 치료 기간을 단축시키며 재발을 방지하는 효과가 있다. 척추 변형에 의한 성장장애인 경우에도 추나 요법을 사용한다.

경추 1, 2번과 후두골의 상부경추가 틀어지게 되면 호르몬 대사에 장애가 생기게 되며, 흉추의 부정렬이 있으면 내부 장기에 영향을 주고, 흉추 1, 2번에 이상이 오면 등과 어깨가 저리면서 통증이 오고, 흉추 3, 4번에 이상이 오면 심장, 폐, 기관지 계통이 허약해지기 쉽다. 흉추 5, 6번에 이상이 생기면 비장, 위장 질환이 생기기 쉽고, 흉추 7, 8번에 이상이 있으면 간장과 담낭에 문제가 나타나고, 흉추 9, 10번에 이상이 생기면 신장과 부신의 문제를 초래한다.

문제가 있는 부위를 추나 요법을 통해 교정을 하게 되면, 척추가 정렬되어 그에 해당하는 증상들도 함께 호전된다. 여기에 침과 뜸 요법, 운동 요법 등을 병행하면 더욱 좋은 효과를 볼 수 있다.

기둥이 똑바르지 않으면 건물을 높이 지을 수 없듯이 척추가 곧지 않으면 키가 자랄 수 없다. 따라서 자라는 아이의 척추 질환 증상이 있으면 반드시 치료해줘야 한다. 성장판이 닫혀 이미 자연적인 성장이 끝난 경우에도 추나 요법을 통해 변형된 척추를 바로잡으면 키가 자란 효과를 볼 수 있다. 단 이 경우 2센티미터 이상의 성장은 기대하기 어렵다. 추나 요법의 치료 기간은 척추 상태에 따라 다르지만 보통 1~3개월 정도의 기간을 잡아야 한다.

사상체질에 따른 아이의 성장

사상체질 의학은 1894년 동무 이제마 선생이 창안한 이론으로 사람의 체질을 장기의 기능적인 허실강약을 중심으로 성격, 체형, 용모, 태도, 행동, 피부, 맥의 형태 등을 종합해 분류한 것이다. 사상체질은 태양인, 태음인, 소양인, 소음인의 네 가지로 구분하는데 각 체질에 따른 생리적인 특징과 질병 등의 연관성을 토대로 인체를 이해하고 치료하는 데 쓰이고 있다.

각 체질은 모두 장단점이 있으며, 그 자체가 좋고 나쁜 것이 아니라 각각 특성을 지니고 있다고 보는 것이 옳다. 즉 사상체질 의학은 전통적 의학의 부족한 부분을 보완하는 데 의의가 있다고 할 수 있겠다.

타고난 체질을 바꾸는 것은 거의 불가능하지만 후천적인 노력으로 체질의 단점을 보완하고 개선할 수 있기 때문에 체질을 알면 건강에 도움이 된다. 또한 체질은 키의 성장에도 깊은 관련이 있다. 체질에 따라 체형과 체격이 다르기 때문이다. 따라서 체질의 특성을 이해하고 각자

체질에 맞는 음식요법을 활용한다면 좀 더 건강하고 왕성한 성장을 유도할 수 있을 것이다.

소음인 아이

성격적으로 유순하고 차분하며 눈치가 빠르고 말귀를 잘 알아듣는 등 인지적 성숙이 빠른 편이지만 신경이 예민해 조그마한 일에도 민감하게 반응하고 잔병치레가 많아 늘 기운이 없고 비실거리는 경향이 있다. 감기, 장염 등 유행하는 병은 조금씩이라도 앓고 지나간다. 균형 잡힌 식단을 고수하며, 소화 장애를 일으킬 수 있는 음식은 피하고, 체력을 보강할 수 있는 보양식이나 보약을 먹여 몸을 튼튼하게 하는 것이 좋다.

- **좋은 음식** 따뜻한 음식이 좋다. 채소류(따뜻하게), 닭고기, 양, 염소, 노루, 꿩, 명태, 북어, 미꾸라지, 도미, 조기, 멸치, 민어, 병어, 대추, 사과, 귤, 복숭아, 토마토, 오렌지, 유자, 시금치, 미나리, 양배추, 쑥갓, 파, 마늘, 생강, 고추, 겨자, 후추, 카레, 찹쌀, 조, 감자
- **나쁜 음식** 찬 음식은 피한다. 청량음료, 아이스크림, 빵류, 면류, 인스턴트 식품, 통조림, 메밀, 배추, 소고기, 우유, 배, 수박, 참외, 오이, 풋과일, 고구마, 밤, 호두, 녹두, 보리, 팥, 돼지고기
- **좋은 차** 인삼차, 생강차, 유자차, 계피차, 꿀차
- **몸에 맞는 한약재** 인삼, 홍삼, 황기, 당귀, 천궁, 계피, 감초

소양인 아이

활달하고 씩씩하며 호기심과 에너지가 넘쳐 사고를 많이 일으키는 성격으로 엄마가 다루기 힘든 면을 가지고 있다. 이 체질의 아이는 감기에 걸려도 고열을 동반하며 병세가 급격해 응급실 신세를 지는 일이 많다. 타고난 소화기의 기능은 좋은 편이지만 왕성한 호기심과 산만함 때문에 먹는 일에 집중하지 못하고, 찬 음료수를 많이 먹으며, 쉽게 잠이 들지 못하고 잔다 해도 숙면을 취하지 못하는 경우가 많다.

따라서 수면과 영양 부족이 되지 않도록 하는 것이 중요하며 진정 작용이 있는 서늘한 보약을 먹여 과다한 대사를 조금 줄이고 안정된 마음을 갖도록 하는 것이 좋다.

- **좋은 음식** 싱싱하고 시원한 음식이 좋다. 채소류, 해물류, 돼지고기, 달걀, 오리, 굴, 해삼, 새우, 전복, 가물치, 복어, 자라, 우렁이, 멍게, 게, 가재, 잉어, 가자미, 등 푸른 생선(고등어, 참치, 꽁치 등), 수박, 참외, 포도, 딸기, 바나나, 파인애플, 메론, 배추, 오이, 가지, 호박, 상추, 우엉, 당근, 신선한 야채, 보리, 팥, 피, 녹두, 참깨, 메밀
- **나쁜 음식** 뜨거운 음식은 피한다. 청량음료, 아이스크림, 빵류, 면류, 인스턴트 식품, 통조림, 화학조미료, 닭고기, 소고기, 우유, 엿, 꿀, 개고기, 염소고기, 인삼, 땅콩, 고추, 생강, 파, 마늘, 후추, 겨자, 카레 등 맵거나 자극성 있는 조미료
- **좋은 차** 구기자차, 산수유차, 녹즙

- **몸에 맞는 한약재** 숙지황, 산수유, 구기자, 치자

태음인 아이

의젓하고 식욕이 좋아 성장 발육이 다른 체질의 아이들보다 좋은 편으로 겉으로 보기에는 튼튼한 우량아 스타일이 많다. 하지만 의외로 감기를 달고 사는 경향이 있다. 타고난 호흡기의 기능이 약한 편이므로 감기를 자주 앓고 천식 같은 만성 호흡기 질환이 되기도 하는데, 이목구비의 구조가 미완성인 6세 이전에는 비염, 중이염, 편도선염 등 동시 다발적으로 염증을 일으키는 것이 특징이다. 따라서 면역성이 떨어져 성장장애를 받을 수 있으므로 호흡기 질환에 걸리지 않도록 집안의 온도와 습도 조절에 신경을 써야 한다. 약한 호흡기 보강을 위한 보양식이나 보약이 필요하다.

- **좋은 음식** 식욕이 왕성하므로 모자랄 듯이 먹는다(고지방보다 고단백질 음식). 채소류, 담백한 생선류, 소고기, 우유, 버터, 치즈, 간유, 명란, 우렁이, 뱀장어, 대구, 미역, 다시마, 김, 해조류, 배, 밤, 호두, 은행, 고구마, 잣, 자두, 땅콩, 매실, 살구, 무우, 도라지, 연근, 마(산약), 토란, 버섯, 더덕, 당근, 고사리, 밀, 콩, 율무, 콩나물, 밀가루 음식, 두부, 콩비지, 들깨, 수수, 현미
- **나쁜 음식** 고칼로리 음식이나 지방식은 피한다. 청량음료, 아이스크림, 인스턴트 식품, 통조림, 달걀, 닭고기, 개고기, 염소고기, 날배추,

사과, 돼지고기, 꿀, 설탕, 화학조미료
- **좋은 차** 율무차, 오미자차, 들깨차, 칡차, 설록차, 영지버섯 등
- **몸에 맞는 한약재** 녹용, 녹각, 맥문동, 오미자, 산약, 율무

태양인 아이

　태양인 체질은 거의 드문 편이라서 자료가 부족하다. 일반적으로 저돌적이고 영웅심이 많으며 선동적인 면이 있다고 알려져 있다. 기(氣)가 상체로 많이 올라가는 체질이기 때문에 머리와 목덜미의 부위가 발달하며, 허리 부위가 상대적으로 가늘고 약해 오래 서 있거나 걷기가 힘들다. 얼굴의 형은 크고 날카로우며 성격은 저돌적이고 추진력이 강해서 무슨 일이든 막힘없이 처리하는 경향이 있다.

- **좋은 음식** 담백하고 서늘한 음식이 좋다. 채소류, 지방질이 적은 해물류, 붕어, 새우, 조개(굴, 전복, 소라), 문어, 오징어, 게, 해삼, 포도, 감, 앵두, 다래, 모과, 머루, 송화(가루), 메밀, 냉면
- **나쁜 음식** 맵고 성질이 뜨거운 음식이나 지방질이 많은 음식은 피한다. 고칼로리 음식, 청량음료, 아이스크림, 빵류, 면류, 인스턴트 식품, 통조림, 화학조미료, 무, 소고기, 설탕, 조기
- **좋은 차** 솔잎 모과차, 감잎차, 오가피차
- **몸에 맞는 한약** 모과, 오가피, 포도근

『동의보감』에서 찾아낸 키 크는 베스트 한약재

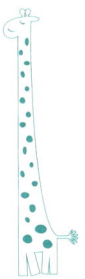

　음식에서 충분한 영양소를 얻지 못하거나 좀 더 키를 크게 하고 싶을 때 도움을 줄 수 있는 것이 한약재다. 발육에 좋은 한약재는 대부분 독성이 없기 때문에 부담 없이 사용할 수 있다. 하지만 한의사의 진단을 받은 후에 사용하는 것이 더욱 안전할 것이다.
　다음에 소개하는 한약재들은 일상생활에서 차로 마시거나 단방약으로 사용할 수 있는 약재다. 주변에서 흔히 보는 것도 있고 한의원이나 한약재 시장에 가야 구할 수 있는 것도 있다. 실제 성장 처방에 사용되는 한약재이므로 가정에서 사용할 때는 너무 진하지 않게 끓여 하루 2~3번 복용하도록 한다.

- **감초** 해독작용과 함께 한방약의 맛을 순하게 하고 효력을 촉진시키는 역할을 한다. 감초차는 장을 조절하며 대사를 원활하게 하고 신

경을 안정시키는 작용을 하므로 위궤양 신경증 및 통증과 경련을 완화시키는 효능이 있다. 절편된 감초를 사서 가정상비약으로 가지고 있다가 아이의 이유 모를 복통을 다스리는 데 쓰면 좋다. 감초를 구워서 사용하면 소화기능이 활발해져 식욕을 높여주고 변이 묽어지는 것을 방지하며, 저절로 가슴이 뛰는 증상에도 효과를 보인다. 이러한 구운 감초를 '자감초'라 하며 한의원에서 처방을 할 때도 이러한 형태의 감초가 많이 쓰인다. 감초차를 만들 때는 감초 10그램에 볶은 현미 10그램, 물 6리터를 넣어 20분 정도 끓여 마시면 된다.

- **건지황 · 숙지황** 지황은 현삼과에 속하는 다년초의 뿌리를 말하는데, 생것을 생지황, 건조시킨 것을 건지황, 짜고 말리기를 아홉 번 거듭한 것을 숙지황이라 한다. 이 중 건지황은 생지황과 숙지황의 중간적인 효능이 있는 약재로 검은빛이 도는 회색으로 약간의 쓴맛이 있다. 건지황은 폐의 열을 내리고 음기도 도와주면서 심폐의 기능을 좋게 해 감기, 천식 등에 좋다. 또한 수분 부족으로 일어나는 문제를 완화시키고 각종 당류를 다량 함유하고 있어 보습효과가 뛰어나다. 숙지황은 보혈 강장 강정제로 허약한 사람에게 유효한 약재다. 혈허증, 빈혈, 불면증, 기억력 감퇴, 생리불순, 체력 저하, 질병 후 허손으로 오는 식은 땀, 음허로 인한 발열과 천식, 결핵성 쇠약을 치료하며 각종 부인과 질환에도 효과가 있다. 단, 숙지황은 소화가 잘 안 되기 때문에 위가 약한 사람은 삼가야 한다. 건지황차는 물 1리터에 건지황 30그램을 넣어 물의 양이 반으로 줄 때까지 끓여 마시면 된다.

- **골쇄보** 뼈를 이어주며 이명증과 남성의 정력을 강하게 하는 데 효과가 있다. 골쇄보는 고란초과에 속하는 여러해살이 풀인 넉줄고사리, 즉 골쇄보(骨碎補)의 뿌리줄기를 말린 것이다. 한자의 이름이 암시하듯 골쇄보란 부러진 뼈를 이어준다는 뜻이다. 뿌리를 잘라보면 연녹색의 육질이 가득하고, 맛을 보면 향긋한 냄새가 난다. 골쇄보는 콩팥을 보하며 뼈를 튼튼하게 하고, 통증을 그치게 하며 상처를 낫게 한다. 신허요통, 귀울림, 귀에 고름이 나올 때, 이가 아플 때, 오랜 설사, 타박상을 치료한다.

- **구기자** 구기자는 예로부터 '하늘이 백성에게 내려준 과실'이라고 불려왔다. 『동의보감』에 따르면 구기자는 "우리나라 곳곳에 있는데 봄과 여름에는 잎을 따고 가을에는 줄기와 열매를 따는데 오래 먹게 되면 몸을 가볍게 하고 기운을 나게 한다"라고 적혀 있다.

또한 『본초강목』에 보면 한 노인이 구기자를 먹자 백세가 넘도록 날듯 빠르며 백발이 다시 검어지고 빠진 이빨이 다시 돋아났다고 한다. 구기자에는 다량의 필수 아미노산과 베타인, 불포화지방산, 카로티노이드, 비타민 B와 C, 칼슘, 칼륨, 마그네슘, 아연, 철분, 망간 등이 함유되어 있다. 구기자는 급·만성 간질환, 지방간, 식욕부진, 변비, 신경쇠약, 성기능장애, 당뇨, 두통, 빈혈, 기침, 동맥경화, 비만, 고혈압, 시력보호, 노화방지, 피로회복 등에 효과가 있다. 구기자를 쉽게 먹는 방법은 생수 대신 구기자차를 마시는 것이다. 구기자를 잘 건조시켜 말린 다음 구기자 20그램에 물 1리터를 넣고 약한 불로 30분 정도 끓여 건더기는 건지고 마시면 된다. 기호에 따라 생강, 대추, 계피 등을 함께 넣어 끓여도 좋다.

- **녹각** 사슴의 뿔이긴 하지만 녹용과는 달리 완전히 골화한 것을 말한다. 녹각은 노화를 막아주고 면역력을 강화해서 암을 예방하는 효능이 있다. 또한 스트레스를 해소시켜주고 외상이 있을 때 상처의 치유를 돕는다. 면역력을 개선하고 혈압을 내리는 데도 효과가 뛰어나다. 녹각은 주로 즙으로 만들어서 복용한다. 물 2리터에 생녹각 190그램을 준비해서 압력솥에 넣고 센불에서 끓이다가 끓기 시작하면 약한불에서 물이 400밀리리터 정도로 줄 때까지 약 3시간 정도 달인다. 걸러낸 찌꺼기에 다시 물을 1리터 붓고 200밀리리터로 줄때까지 끓여 재탕한 뒤, 초탕과 재탕을 섞어서 보관하면 된다. 녹각은 열을 내는 약재이므로 열이 많은 아이나 열이 나는 질환을 가진 사람은 먹기 전에 한의사와 상담을 해야 한다.

- **녹용** 사슴의 어린 뿔로 신체 허약증이나 빈혈, 양기부족, 골다공증, 심장쇠양증, 발육부진, 허리와 다리 무력증에 탁월한 효과가 있어 어린이 성장 발육에 좋은 약재다. 또한 녹용은 오장육부의 허로를 보하고 만성 피로증후군의 회복에도 매우 우수한 효능이 있다. 특히 뇌대사에 관여해 어린이부터 노인에 이르기까지 기억력을 재생시키고 건망증을 해소시키는 데 탁월하다. 뇌 조직 내의 RNA와 단백질 생성과 합성을 증가시켜 항노화와 학습능력 개선 효과가 있음이 알려

졌다. 심장의 수축력과 심박출량을 증가시켜 저혈압 등으로 인한 만성적인 혈액순환장애를 개선시켜서 아이들에게는 발육과 저항력을 촉진시키므로 체력 증강에 많은 도움이 된다. 과다 복용 시 성호르몬의 분비를 촉진해 키 성장이 오히려 빨리 멈출 수도 있으므로 적정량을 섭취해야 한다.

- **당귀** 참당귀의 뿌리로 숙지황과 더불어 대표적인 보혈제다. 혈액순환이 잘 안 되고 몸이 찬 사람들에게는 거의 신약에 가까울 정도로 효능이 탁월하다. 당귀는 빈혈 치료의 주약이며 비타민B_{12}와 엽산류가 풍부해서 적혈구의 상태를 개선하는 데 좋으며 철 결핍의 빈혈에도 강력한 효력을 발휘한다. 1일 12그램에서 20그램까지 사용 가능하며 탕으로 다려서 먹어도 되고 환으로 먹어도 되고 가루로 먹어도 된다. 장기간 복용해도 아무 탈이 없다.

- **두충** 두충나무의 껍질을 말린 것으로 중국에서는 인삼보다 귀했기 때문에 '환상의 약초'로 불렸다. 중국 고대 야사에서는 두충이라는 도선인이 두충나뭇잎을 먹고 득도하였다고 해 '두충나무'라고 불리게 됐다는 전설이 있다. 두충은 맵고 달며 약성이 따뜻하고 독성이 없는 것이 특징이다. 신장이 약해서 정기(精氣)의 쇠퇴로 인한 요통, 무릎이 차고 시린 증상, 몽정, 조루, 소변불리에 놀라울 정도로 뛰어난 효험이 있다. 이와 함께 신경통, 관절염, 하체 허약에도 좋은 효과가 있는데 잎을 말린 두충차를 자주 마시면 두충과 같은 효과를 볼

수 있다. 현대 의학에서도 두충은 고혈압, 진통제 등으로 이용되고 있다. 두충은 감초와 함께 차를 끓여 마시면 좋다. 두충 10그램을 잘게 찢어 물에 깨끗이 씻고 감초도 10그램 정도 씻은 뒤 물기를 뺀다. 물 1리터에 두충과 감초를 넣고 물이 절반으로 줄 때까지 약한 불로 달인다. 다 달이면 체로 걸러서 물만 받아낸 뒤 꿀을 타서 마신다. 허리와 무릎에 탁월한 효과가 있으므로 2~3개월간 꾸준히 복용한다.

- **대추** 한약 처방에 감초보다 많이 사용된다. 스트레스로 인한 불안증과 불면증, 손발이 차며 구토 증세를 보일 때 마음을 안정시키는 효과가 있다. 또한 소화기 계통의 내장 기능을 튼튼하게 해주어 식욕부진과 잦은 소화불량에도 속을 편하게 해주는 역할을 한다. 신장과 폐를 튼튼하게 해주고 기침에 효과가 좋아 감기 질환에도 널리 이용한다. 신경과 근육의 긴장 및 피로를 풀어주는 역할을 하고, 염증을 가라앉히는 효과도 볼 수 있다. 다시 말해 관절염이나 류마티스에도 좋다. 대추는 따뜻한 성질을 가지고 있어 혈액순환이 잘 되게 도와주며 손발이 찬 냉증에도 효과가 좋다. 대추를 달인 물을 자주 마시며 소변을 자주 볼 수 있게 해 살을 빼는 데도 도움이 된다.

- **백복령** 소나무 뿌리에 기생해서 혹처럼 자라는 백복령은 예로부터 강장제로 사용해왔으며 혈당량을 낮추는 작용을 한다. 소변을 잘 누게 하고 비를 보하며 담을 삭이고 정신을 안정시킨다. 비허로 인한 부종, 복수, 담음병, 구토, 설사, 배뇨장애, 심계, 건망증, 불면증, 만

성 소화기 질병 등에 쓰인다. 살결을 아름답게 하고 검버섯, 주근깨와 기미를 없애주기도 한다. 소나무 뿌리를 내부에 싸고 자란 것을 복신, 내부의 색이 흰 것을 백복령, 붉은 것을 적복령이라고 하며 두 가지 모두 약으로 사용한다. 복신은 신경안정 효과가 있으며 복령의 다당류는 면역부호라작용, 항암작용이 있다.

- **백출** 국화과에 속한 삽주의 뿌리줄기로 10월에서 11월 사이에 채취해 줄기 및 잎을 제거한 후 건조시켜 만든다. 한의학적으로는 성질이 따뜻하고 쓰면서 단맛이 난다고 하며, 비위를 따뜻하게 하고 습한 기운을 없애주는 효능이 있다. 소화기능, 소변배출, 마른기침, 설사나 무른 변, 복통, 어지럼증, 위궤양, 만성 위염, 식은땀, 잦은 구토에는 백출과 오약, 정향을 넣고 달여 먹으면 좋은 효능을 볼 수 있다.

- **산사자** 산사 열매는 특히 육류를 많이 먹어서 체했거나 소화가 안 될 때, 속이 더부룩할 때 효과가 좋다. 산사자는 음식을 잘 소화되게 하고, 만성 설사에도 효과가 있으며 위를 튼튼하게 하고 위산과다 등을 없애기도 한다. 그밖에도 산후복통, 혈압을 낮추는 데 효과가 있다. 산사자로 차를 만들 때는 산사자 15그램에 물 1리터를 넣고 끓인 후 건더기를 걸러낸다. 너무 오래 끓이면 떫은맛이 나므로 주의한다.

- **산약** 산약은 마 과의 여러해살이풀을 말한다. 마라고 하면 생것을 가리키고 산약은 마의 뿌리를 그대로 말리거나 쪄서 말린 것이다. 산

약이라는 말은 산에서 나는 몸을 보하는 약이라는 뜻이다. 마는 냄새가 없고 달며 성질은 따뜻하고 생김새는 고구마와 비슷하지만 좀 더 길다. 산약은 뼈와 살을 튼튼하게 하고, 오래 먹으면 귀와 눈이 밝아지고 오래 살게 해주는 보약이다. 당뇨병, 기침, 폐 질환 등에도 효과가 있고 신장 기능을 튼튼하게 해서 원기가 쇠약한 사람이 오래 복용하면 좋다. 또한 참마에는 디아스타제라는 소화효소가 들어 있어 소화불량이나 위장장애, 위가 약한 사람에게 좋다. 장 속 세균의 활동을 왕성하게 해 만성 장염 치료에도 도움이 되며 당뇨 혈당을 낮추는 데 효험이 있다. 산약차를 만들 때에는 용기에 산약을 넣고 30분 정도 달여서 건더기는 버리고 마시면 된다.

- **산조인** 멧대추씨차라고도 한다. 대추나무의 종자를 건조한 것으로 약한 기름 냄새가 있고 맛은 달고 시며 성질은 한쪽으로 치우치지 않고 평하다. 신경과민, 불면증, 건망증, 식은땀 등 과도한 정신적 스트레스에 좋다. 마음을 안정시키며 숙면을 유도하기 때문이다. 또한 산조인은 비위를 강하게 하고 빈혈에도 효과가 있다. 성장호르몬 분비를 촉진시키는 효능도 밝혀진 바 있다. 물 2~3리터에 볶은 산조인 20~30그램을 씻어 넣고 15~20분 동안 진하게 다려 완전히 식으면 냉장 보관해서 물 대신 챙겨 먹도록 한다.

- **속단** 간과 신을 보하고 근골을 튼튼히 하고 혈맥을 소통시키는 효능이 있다. 그래서 허리와 무릎이 시리고 아픈 증상, 관절염, 관절의 피

로로 인한 통증 등에 활용된다. 속단은 보양작용이 우수한 약재로 모든 허약증상에 쓰이는 보신약에 많이 넣어 쓴다. 혈의 흐름을 원활히 하고 지혈시키는 작용이 있어 어혈로 인한 통증에도 많이 사용된다.

• **오가피** 인삼처럼 두릅나무과에 속하는 낙엽활엽관목이면서 잎이 다섯 개로 갈라져 있고 인삼과 효능이 비슷해 '제2의 인삼'이라고도 불린다. 학명은 '만병을 치료하는 가시나무'라는 뜻의 아칸토파낙스(acanthopanax)다. 뿌리를 비롯해 껍질, 가지, 열매, 잎까지 모두 식용으로 사용되며 특이한 냄새와 살짝 시큼하면서도 쓴맛이 나는 특징이 있다. 따뜻한 성질을 가지면서 독성이 없어 누구나 부담 없이 즐길 수 있다. 오가피는 뼈를 튼튼하게 하고 정신을 맑게 하며 눈이 밝아지고 몸 안의 나쁜 피를 맑게 해 오래 장복하면 몸이 가벼워지고 노화를 방지하는 효과가 있다. 허리뼈가 아픈 것과 양다리가 아프고 저린 것, 관절에 쥐가 나는 것 등에도 좋다. 어린아이가 세 살이 지나도록 걷지 못할 때 오가피를 곱게 가루 내어 3~4그램씩 죽에 잘 섞어 하루 3번 먹이면 곧 걷게 된다는 말도 있다. 이밖에 항암효과와 정력증강, 간 기능 개선, 학습력 및 기억력 향상에도 뛰어난 효과를 보이는 것으로 밝혀졌다.

• **용안육** 용안나무의 과실이다. 맛이 달며 순하다. 심장과 비장에 들어가서 보혈해 각종 정신을 안정시켜주고, 어린이들과 여성들에게 많이 쓰인다. 신경 쇠약으로 머리가 어지럽고 눈이 침침하고 건망증이

심하거나 잠이 안 올 때 쓰면 좋다. 병을 앓고 난 후 몸이 허약해졌을 때, 기운이 없을 때, 잘 놀라고 가슴이 뛸 때에도 마음을 편안하게 다스려 숙면에 도움이 된다. 하지만 당뇨병이 있는 경우 신중히 사용해야 한다.

- **우슬** 통통한 마디의 생김새가 마치 소의 무릎과 같다해 쇠무릎지기라는 이름이 붙었다. 비름과에 속하는 다년생 풀인 쇠무릎풀(Achyranthes japonica Nakai)의 뿌리를 말린 것이다. 각지의 산기슭과 길섶, 들판에서 자라며 따로 심기도 한다. 가을에 뿌리를 캐서 물에 씻어 햇볕에 말린다. 맛은 쓰고 시며 성질은 평하다. 피를 잘 돌게 하고 어혈을 없애며 월경을 통하게 하고 뼈마디의 운동을 순조롭게 하며 생식을 주관하는 신장과 관절을 튼튼하게 한다. 약리 실험에서 자궁수축작용, 이뇨작용, 항알레르기작용, 억균작용 등이 밝혀졌다. 생리불순, 난산, 산후복통, 산후자궁무력증, 부정자궁출혈, 부종, 임증(淋證), 부스럼, 타박상 등에 쓴다. 하루 4~10그램을 물로 달이거나 술에 담가서 먹는다. 그러나 임산부에는 쓰지 않는다.

- **토사자** 메꽃과에 속하는 한해살이 덩굴성 식물인 새삼의 씨앗으로 새삼씨라고도 한다. 『동의보감』에 의하면 새삼은 성질이 평하고 맛이 맵고도 달며 독은 없는 약재로, 정액이 절로 나오는 것, 소변을 누고도 눈 것 같지 않고 남아 있는 듯해 방울방울 떨어지는 증세, 입맛이 쓰고 말라서 갈증이 나는 증세, 허리가 아프고 무릎이 찬 증세를 치

료하고, 정을 더하고 골수를 이롭게 하는 데 쓴다. 주요 약효는 신장을 보호하고 정력을 북돋아주며 간장을 보하면서 눈을 밝게 한다. 허리나 무릎의 시큰한 통증을 개선하고 남성 성기능저하나 발기부전 치료에도 좋은 효과가 있다. 현기증이나 시력감퇴, 여성 대하증을 개선시키기도 한다. 또 설사를 낫게 하며 당뇨병 치료에도 효과가 있는 것으로 알려져 있다. 과다 복용 시 사춘기를 앞당겨 성장을 저해할 수 있으니 신중히 복용하는 것이 좋다.

- **홍화씨** 홍화는 한해살이풀로, 그 열매가 홍화인이다. 흔히 '잇꽃'이라고 하며, 꽃이 빨개서 '홍화'라고 부른다. 홍화씨는 성질이 따뜻해 혈액순환을 원활하게 하는 데 아주 좋다. 홍화씨에 함유되어 있는 유기백금(PT) 성분은 뼈를 재생시키는 데 탁월한 효능을 보인다. 또한 골절 부위에 붓기를 낮추고 어혈을 풀어주는 효과도 있어서 꾸준히 복용하면 뼈나 관절이 약해져서 발생하는 고관절이나 골다공증을 예방하는 데 아주 좋다. 홍화씨에 함유되어 있는 리놀산 성분은 지방을 분해하고 지방성분을 신체에 고르게 재분배시키는 효능이 있어 비만 해소에도 효과적이다.

키가 쑥쑥 크게 하는
한방 경혈지압

아이들의 키를 키우는 또 하나의 손쉬운 방법으로 경혈 지압법을 들 수 있다. 손가락을 이용해서 집에서도 할 수 있는 이 자극법은 그 동안의 연구결과에 의하면 혈액순환을 촉진시키고 우리 몸의 신진대사 작용을 강화하는 효과가 있다. 평소 이들 혈자리에 수시로 자극을 주면 성장호르몬의 분비를 촉진시켜 아이들의 키를 크게 만들 수 있다. 3초에서 5초 정도 성장점을 지그시 누르고 다시 지그시 힘을 빼는 것을 기본으로 해 8~10회 정도 반복해 실시하되 아이의 연령에 따라 힘의 강도를 조절해주면 된다.

제대로 배워서 오늘부터 실행에 옮겨보자. 엄마가 조금만 더 관심을 가지고 노력하면 아이의 팔과 다리가 길어지고, 키도 커질 것이다.

• **풍지(風池)** 뒷머리와 목이 연결된 부위의 중앙 움푹 파인 곳에서 양쪽

으로 3~4센티미터 정도 파인 곳을 말한다. 만성 두통과 목의 통증을 개선하는 데 도움을 주고 머리가 맑지 못하거나 어지럼증이 심할 때도 자극을 주면 좋다. 특히 이 혈자리는 성장호르몬 분비를 촉진한다.

- **용천(湧泉)** '생명의 샘이 솟는 곳'이란 뜻으로 발가락을 구부렸을 때 둘째 발가락과 셋째 발가락 사이에서 발바닥 중심 쪽으로 내려와 'ㅅ'자 모양으로 오목해질 수 있게 만드는 들어간 곳이 바로 용천이다. 한 손으로 아이의 발등을 받치고 엄지손가락으로 용천을 지그시 누르고 힘을 빼면서 가볍게 문질러주자.

- **태충(太衝)** 발목을 향해 발등을 누르며 올라가다 보면 박동이 느껴지는 부분, 다시 말해 첫 번째 발가락과 두 번째 발가락이 맞닿는 부분에서 2~3센티미터 위쪽이 태충혈이다. 성장호르몬의 분비를 촉진시켜 뼈의 성장에 도움을 주며, 특히 과도한 스트레스로 인해 성장호르몬 분비가 저하된 경우 이곳을 자극해주면 좋다.

- **태계(太谿)** 발 안쪽 복사뼈의 뒷부분에 있다. 만졌을 때 동맥의 박동이 느껴지는 곳으로 '중요한 큰 계곡'이라는 뜻이다. 곤륜과 마찬가지로 종아리뼈와 정강이뼈와 맞닿아 있기 때문에 양손을 이용해 복사뼈 주위를 가볍게 원을 그리면서 문질러주면 좋다.

- **현종(懸鐘)** 복사뼈 바깥에서 약 5센티미터 위쪽에 위치한다. 좌골신

경통이나 편두통, 편마비, 슬관절, 발목관절 질환을 개선하는 데 효과적이며 성장에 도움이 되는 혈자리다. 손 전체를 이용해 가볍게 허벅지에서 발까지 전체적으로 주물러주면 좋다.

- **곤륜(崑崙)** 바깥 복사뼈 바로 뒤쪽에 움푹 들어간 곳이 곤륜이다. 종아리뼈와 정강이뼈 아래쪽 성장판과 맞닿아 있어 이 부위를 자극하면 성장에 도움에 된다.

- **내 · 외슬안(內 · 外膝眼)** 무릎을 구부렸을 때 무릎 뼈 바로 아래 양쪽으로 움푹 들어간 부분을 슬안이라 하는데 안쪽이 내슬안, 바깥쪽이 외슬안이다. 성장판이 모여 있는 곳으로 이곳을 자극해주면 긴 다리를 만들 수 있으며, 무릎 주위의 기혈 순환을 원활하게 만들어 무릎과 하체의 힘을 기를 수 있다. 양 엄지손가락을 이용해 내슬안과 외슬안을 동시에 지그시 누르고 원을 그리듯 문질러주면 된다. 각종 슬관절 질환이나 하지마비, 동통 질환을 개선시켜주며 대퇴골, 비골, 경골 등 하체 성장에 도움이 된다.

- **족삼리(足三里)** 무릎을 구부렸을 때 무릎 아래 움푹 파인 곳의 바깥쪽에 위치한 것을 외슬안이라고 하고, 이 부위에서 5센티미터 정도 아래를 족삼리혈이라 한다. 종아리뼈와 정강이뼈의 위쪽 성장판이 이곳에 있다. 족삼리는 위장을 가리키는 말로 위염, 궤양, 장염, 췌장염, 소화불량 등 소화기 질환에 효과가 큰 경혈이다. 또 각종 알레르

기 질환이나 허약체질에도 적용되며 비골과 경골 위쪽 성장판에 도움을 주므로 성장장애 치료에도 도움이 된다. 무엇보다 소화기 허약으로 인한 성장부진에 좋다.

- **위중(委中)** 무릎 뼈 뒤쪽에 있는 주름의 가운데 부분이다. 허리와 무릎, 좌골, 하지 질환, 소화기 질환 개선에 도움이 된다. 특히 그 위치가 넓적다리뼈와 종아리뼈, 정강이뼈가 있는 성장판의 중앙이라서 성장과 성장판 자극에 도움을 준다.

- **승근** 위중혈과 발목 뒤를 이은 선 위에서 3분의 1 정도에 위치한다. 무릎과 발 사이에 있는 비골과 경골 부위의 뼈 성장에 도움이 되므로 이곳에 자극을 주면 성장에 도움이 된다.

- **양구** 무릎, 즉 슬개골 바깥쪽 위에서 3센티미터 위쪽에 위치한다. 이 혈자리를 자극하면 각종 무릎 질환이나 위염, 위통, 소화기 질환 치료에 효과적이며 성장장애 개선에 도움이 된다.

- **승부(承扶)** 엉덩이와 다리가 만나는 부위로 엉덩이 맨 아래쪽 접히는 곳의 중앙이다. 주위에 넓적다리뼈의 성장판이 있기 때문에 승부를 자극하면 넓적다리뼈 성장에 도움이 된다. 소변이 원활하지 못하거나 변비가 있을 때 자극을 주면 좋다. 승부를 찾아 양 엄지손가락을 이용해 지그시 누르고 가볍게 문질러준다.

- **중완(中脘)** 배꼽과 명치의 중간 부분이다. 위장 기관이 위치한 부위로 위장의 운동을 촉진시키기 때문에 이곳을 자극하면 구토나 소화불량에 효과가 있다.

- **천추(天樞)** 배꼽을 중심으로 좌우로 1~2센티미터 떨어진 부분이다. 대장의 기가 모이는 곳으로 천추를 자극하면 배변 기능이 좋아지고 장내 염증을 예방해주는 효과가 있다.

- **곡지(曲地)** 팔꿈치 관절을 구부리면 바깥쪽에 주름이 잡히는데 이 주름이 끝나는 지점이 곡지다. 곡지를 자극하면 대장의 기능이 좋아진다. 엄지손가락을 이용해 곡지를 가볍게 반복해 눌러준 후 가볍게 문질러주자.

- **요양관(腰陽關)** 반듯하게 섰을 때 허리와 엉덩이 사이에 움푹 들어간 곳이다. 골반과 척추가 연결되는 부위로 성장판이 있어 이곳을 자극하면 뼈의 성장을 촉진시킬 수 있으며, 신장의 기를 보강해 허약한 체질을 개선하는 효과가 있다.

- **환도(環跳)** 척추의 꼬리에서 골반 뼈 바깥쪽으로 3분의 2 정도 위치에 있는 움푹 들어간 곳이다. 엉덩이에 힘을 주고 오므렸을 때 움푹 파인 부위의 위쪽, 골반뼈와 넓적다리뼈가 만나는 부위의 바깥쪽에 해당된다. 이 혈자리는 허리와 골반 질환을 개선하는 데 효과적이라

서 이곳을 자극하면 허리의 힘을 키워 꼿꼿한 허리를 만들 수 있다. 따라서 만성 요통이 심하거나 좌골신경통, 하지마비, 각종 동통성 질환이 나타났을 때 활용하면 좋다. 특히 이 부위는 다리와도 연결되기 때문에 하체의 힘을 키우고 다리를 곧게 만드는 효과가 있다.

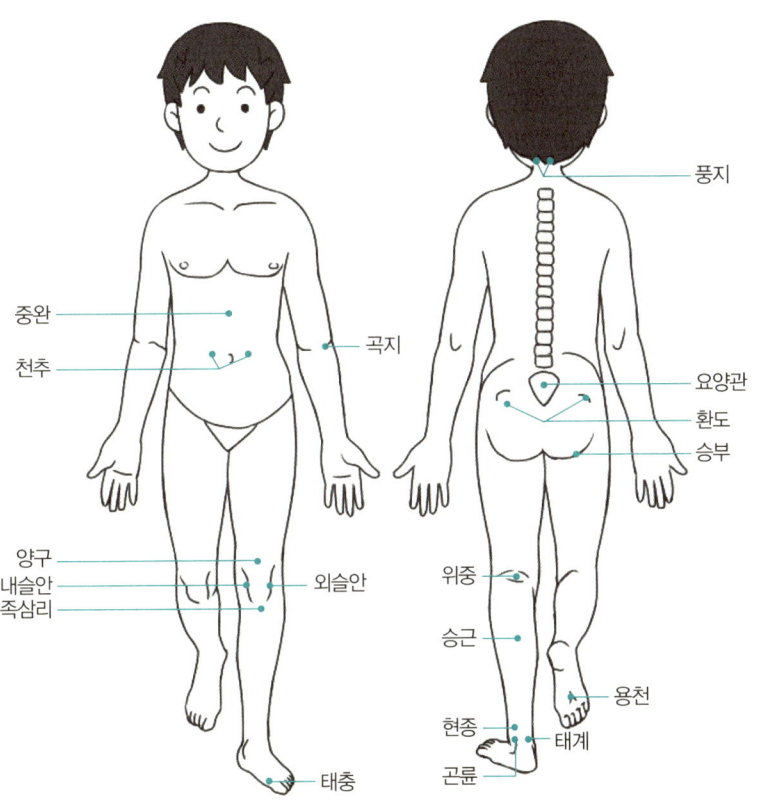

아로마테라피 요법으로
키는 쑥쑥, 마음은 튼튼

 키가 크게 하는 아로마테라피 요법(Aroma Therapy, 향기 요법)은 최근 떠오르고 있는 대체의학의 한 분야로 긴장을 완화하고 면역기능을 활성화시키는 효과가 있다. 약초에서 추출한 에센셜 오일(Essential oil) 성분을 이용해 각종 질병을 예방하고 치료한다.
 아로마테라피 요법은 고대 중국이나 이집트에서도 사용한 기록이 있는 것으로 보아 유래가 아주 오래되었다고 할 수 있다. 기원전 4000년경 중국의 기완 티라는 황제는 식물 추출 성분인 에센셜 오일에 관한 것을 의서에 기록하게 했고, 구약성경에도 향을 제조하는 방법에 따라 향기름을 짜서 관유로 사용한 예가 나와 있다. 이집트에서는 투탄카멘의 무덤에서 아로마 제품을 사용한 기록이 나왔으며 상류층의 무덤에서도 시체가 부패되는 것을 막기 위해 아로마 성분을 사용한 기록이 나왔다. 고대의 이집트인들은 종교나 의학, 미용의 목적으로 아로마테라피를 많

이 활용했던 것으로 보인다.

우리나라의 경우에는 예로부터 향기 나는 약초를 몸에 지니고 다님으로써 산길에서 뱀이나 동물의 위협으로부터 자신을 보호했으며, 베개 속에 건강에 좋은 향을 넣고 자는 풍습도 있었다. 불교에서는 향을 태우면 나쁜 냄새를 없애고 심식(心識)을 깨끗하게 한다고 하여, 향은 불전에 올리는 공양에서 빠지지 않았다. 동서양을 막론하고 아로마테라피 요법은 자연 속의 우수한 약재에서 추출한 에센셜 오일을 주로 사용해, 질병의 예방은 물론 초기치료 또는 보조치료 방법으로 각광을 받고 있다.

아로마테라피 요법은 특히 신체의 질병과 정신적 긴장을 풀어주는 동시에 만병의 근원인 스트레스에 대항할 수 있는 면역력을 키워주기 때문에 성장기 아이들에게 탁월한 효과가 있다.

아로마테라피 요법의 무엇이 좋을까

서양에서는 20세기에 들어서 아로마테라피 요법이 과학적 근거에 의한 치료 방법으로 자리 잡기 시작했다. 에센셜 오일을 치료제로 사용하면서 1937년에 '아로마테라피'라는 용어가 만들어졌다. 에센셜 오일은 특별한 치료효과를 지닌 식물의 꽃, 줄기, 잎, 열매, 소액 등에서 추출한 순도 100퍼센트 에센스의 방향 물질이다. 이것은 식물의 '기(氣)' 또는 '호르몬'이라고 표현되며, 우리 몸에 생명에너지를 불어넣어 정신과 육체의 불균형 현상을 회복시키고 질병을 치유한다.

- **신경안정 효과** 식물성 천연향기는 그 종류에 따라 감정을 조절함으로써 머리를 맑게 해 긴장을 풀어주며, 피로 및 스트레스로 인한 질병을 예방할 수 있다. 특히 우울증, 불면증 등 각종 정신 질환에 효과가 크다.
- **공기 청향 효과** 각종 유해한 악성 세균 및 곰팡이 제거와 공기의 이온 작용으로 신선하고 쾌적한 분위기를 조성해준다.
- **악취 제거** 일반 방향제는 기존 냄새와 혼합이 되면서 더욱 역겨운 냄새가 되는 데 비해 에센셜 오일은 담배 냄새, 화장실 냄새, 지하 냄새 등 각종 악취를 원천적으로 분해 제거한다.
- **정신 집중력 향상** 심신의 안정으로 정신력 집중이 잘되어 학습 및 업무 능률을 향상시킨다.

아로마테라피 요법에 주로 사용되는 약초

아로마테라피 요법에 사용되는 정유, 즉 에센셜 오일은 약초의 꽃, 잎, 줄기, 열매, 뿌리 등에서 추출한 생명력이 있는 100퍼센트 순수 고농축 오일이다. 인체에 많이 사용되는 에센셜 오일은 약 70종이 있으며 질병에 따라 개별적으로 쓰일 수도 있고 여러 가지 에센셜 오일을 혼합해 사용하기도 한다. 모든 식물은 자기를 번식, 성장시키는 능력과 병을 치유하고 상처를 낫게 하는 능력을 가지고 있는데 에센셜 오일은 이런 식물의 생명력과 치유력을 추출한 것이다. 다음은 에센셜 오일에 주로 활용되는 대표적인 약초다.

- **로즈메리** 이탈리아 요리에서 없어서는 안 될 향미료이자 약용식물의 대명사로 통한다. 그만큼 다양한 쓰임새를 가지고 있다. 육류요리, 생선요리, 소시지, 비스킷, 과자, 잼, 차, 목욕제, 향수원료, 헤어토닉, 화장품 등 광범위하게 사용된다. 로즈메리는 잎과 꽃이 핀 선단부에서 에센셜 오일을 추출한다. 이 에센셜 오일에는 강심작용, 강장작용, 발한작용은 물론 노화를 방지하는 효능도 있다. 이러한 효능은 중추신경과 혈행을 촉진하기 때문에 근육통과 신경통, 류마티스, 피로회복에 효과가 좋다. 특히 강력한 로즈메리의 향은 뇌의 활동을 높이고 기억력과 집중력을 향상시키며 아이들의 성장발육을 촉진시키는 효과가 있는 것으로 알려져 있다.

- **라벤더** 우리에게 비교적 친숙한 약용식물인 라벤더는 수목 향이 가미된 가볍고 깨끗한 향기가 난다. 라벤더는 꽃이 핀 선단부와 잎 부분에서 추출한 에센셜 오일을 활용하는데, 강심작용과 건위작용, 담즙 분비 촉진작용 등이 있다. 또한 살균작용과 소염작용, 그리고 세포 성장을 촉진하는 작용이 있어 성장장애 치료에 활용된다. 라벤더가 우리 몸에 미치는 영향은 다양하다. 우선 심장을 진정시키는 강심작용이 있으므로 고혈압을 낮추고 심장박동을 늦추는 효과가 있다. 또 불면증을 치유하는 데도 효과가 있다고 알려져 있다. 진통완화 특성이 있으므로 근육경련에 효과적인 치유제로도 쓰이며 염좌, 관절 손상이 극심한 류머티스에도 쓰인다. 살균작용과 소염작용이 있어 감염률을 떨어뜨리는 효과가 있다.

• **네롤리** 한 번 맡으면 쉽게 잊히지 않는 아름다운 꽃향기다. 그동안의 연구결과에 의하면 네롤리의 에센셜 오일 성분은 강심작용과 강장작용이 있고 살균작용과 세포 성장을 촉진하는 효능이 있는 것으로 알려져 있다. 따라서 아이들의 성장과 발육에 독특한 효과를 나타낸다고 볼 수 있다. 아울러 교감신경계를 진정시키는 작용이 있으므로 불면증이 있을 경우 응용하면 좋은 효과를 발휘하며 불면증, 신경통, 두통, 어지럼증 등에 활용하면 좋다.

한의학과 아로마테라피가 만났을 때

아로마테라피 요법과 한의학의 관계를 이해하려면 먼저 중국철학의 바탕이 되는 오행설을 이해해야 한다. 오행설은 우주만물의 기본이 되는 고유한 성질을 표현하는 원리로 '화(火), 수(水), 목(木), 금(金), 토(土)'로 대표되는 다섯 가지 본질적인 자연현상으로 분류된다. 이러한 오행설은 하루 24시간, 사계절, 색깔, 각각의 느낌이나 성질 등 생물학적 성장 발달의 순환성과 결부되어 있다.

오행의 구성요소 중 목은 봄, 화는 여름, 금은 가을, 수는 겨울, 토는 늦여름으로 분류된다. 이처럼 오행설에서는 자연과 나의 존재를 별개가 아닌 균형적이고 상호 의존적인 것으로 보고 인간의 감정, 몸의 기관, 조직을 자연과 결부시켜 분류하고 있다.

목에 해당되는 오일로는 제라늄, 팔마로사, 로즈메리, 배질, 그레이프프루트 등이 있고 화를 잘 내거나 좌절감을 느낄 때 사용하면 효과적이다.

　화에 해당되는 오일로는 샌들우드, 오렌지, 버거못, 일랑일랑, 시더우드 등이 있고 열정 부족으로 우울증에 빠졌거나 의기소침해 있을 때 사용하면 효과적이다.

　토에 해당되는 오일로는 버거못, 파슬리, 샌들우드, 베티버 등이 있고 산만하거나 자아의식이 부족해 집중력이 떨어질 때 사용하면 효과적이다.

　금에 해당되는 오일로는 스파이크, 라벤더, 레몬, 유칼립투스 등이 있고 원인 없이 우울하고 슬플 때 사용하면 효과적이다.

　수에 해당되는 오일로는 라벤더, 캐머마일 로먼, 클라리 세이지, 라임 등이 있고 불면증이나 공포, 나른함이 끊임없이 느껴질 때 사용하면 효과적이다.

아로마테라피 요법이 궁금해요

● **캐리어 오일**

일반적인 에센셜 오일은 우리 피부에 직접 발라 사용해서는 안 된다. 대개의 에센셜 오일은 희석시켜 사용해야 한다. 이때 에센셜 오일을 희석시킬 수 있도록 혼합해 사용하는 기초적인 오일을 베이스 오일, 또는 캐리어 오일이라 한다. 캐리어 오일은 단백질, 미네랄, 포도당, 지방산, 각종 비타민이 풍부한 오일로 콜레스테롤이 전혀 포함되어 있지 않다. 캐리어 오일은 피부 타입별로 치료용, 마사지용 오일이 있으므로 전문가와 상의 후 구입하는 것이 좋다.

● **아로마테라피 캐리어 오일**

모든 아로마 치료에 쓰이는 아로마테라피 오일은 반드시 이 캐리어 오일에 희석해서 사용해야 하며 여러 성분의 오일들을 적절히 혼합해 상호 보완 작용을 통해 시너지 효과가 나도록 해야 한다. 그 배합방식 또한 매우 중요한데, 보통 2~4개의 오일을 섞어야 효과가 높다. 오일의 혼합 순서는 다음과 같다.

① 비커에 캐리어 오일 15~30ml를 넣는다.
② 1~3가지 아로마테라피 오일을 합쳐 8~10방울의 용액을 만든다.

③ ①에 ②를 넣고 유리 막대로 잘 섞는다.

④ 차광병에 옮겨 넣은 다음 뚜껑을 닫고 잘 흔든다.

⑤ 라벨 스티커에 캐리어 오일명, 아로마테라피 오일명과 만든 날짜를 적어 병에 붙인다.

● 에센셜 오일의 사용 방법

- **목욕법** 목욕은 마사지 외에 후각과 피부로 동시에 에센셜 오일을 흡수시킬 수 있는 방법으로 욕조에 물을 받은 후 에센셜 오일을 3~8방울 떨어뜨려 손으로 가볍게 저은 후 입욕한다. (10분 이상)

- **좌욕법** 큰 세숫대야나 욕조에 물을 받아 에센셜 오일을 3~8방울 떨어뜨린 후 손으로 가볍게 저은 후 좌욕한다. 미지근한 물이 배꼽 조금 밑까지 잠기도록 한다.

- **족욕법** 피로한 발에 활력을 주기 위해 큰 세수 대야에 적당히 뜨거운 물을 받아 에센셜 오일을 3~8방울 떨어뜨린 후 손으로 가볍게 저은 후 발을 담근다.

- **마사지법** 에센셜 오일과 캐리어 오일을 섞어 전신의 경락을 마사지하면 혈액순환이 좋아지고 체세포에 쌓인 노폐물 배출을 촉진시켜 심신을 건강하게 하고 통증을 해소하며 긴장을 풀어준다.

- **증기흡입** 컵이나 사발에 뜨거운 물을 담고 에센셜 오일을 3~5방울 떨어뜨리고 흡입한다.

- **흡입** 티슈나 손수건에 에센셜 오일을 1~2방울 떨어뜨리고 냄새를 맡는다.

- **방향** 향확산기를 이용해 공기 중에 에센셜 오일의 향기를 분사한다.

온몸을 쭉쭉 늘려주는 스트레칭이나 중력의 반대 방향으로 점프하는 운동, 혹은 줄넘기, 수영, 농구, 배드민턴, 가벼운 조깅 등은 관절의 근육을 풀어주고 성장판을 적당히 자극해주기 때문에 성장에 많은 도움을 줄 수 있다. 반면 유도나 레슬링, 역도, 마라톤이나 헬스처럼 무거운 기구를 들거나 팔다리 근육에 무리가 가는 운동은 근육을 과도하게 긴장시키고 성장판의 혈액공급을 방해하기 때문에 아이들의 성장에 도움을 줄 수 없다. 이번 파트에서는 척추를 바로 세우고 아이들 키를 쭉쭉 늘려주는 스트레칭에 대해 알아보도록 하자.

PART 6

키 한 뼘 마음 두 뼘 크는 스트레칭

하늘만큼 커져라!
쑥쑥 스트레칭

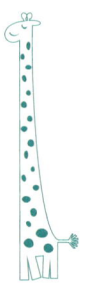

하루에 두 번씩 꾸준히 하면 조금씩 커가는 키와 날씬해진 몸매로 즐거운 나날을 보낼 수 있는 스트레칭 방법을 소개한다. 스트레칭을 하는 시간은 아침에 자리에서 일어났을 때와 밤의 취침 전으로, 최대한 얇은 옷을 입고 하는 것이 좋다. 실내에서 할 경우 공기가 잘 통하게 문을 열어 놓은 상태에서 한다.

※ 모든 체조는 순서대로 한다. 단, 저녁에는 몸 펴기 동작과 잠자리 동작을 제일 마지막에 한다.

쑥쑥 스트레칭1 몸 펴기 동작

자는 동안 구부정해진 자세를 바로잡고 억제하고 있던 호흡을 크고 깊게 함으로써 신진대사를 촉진시킨다.

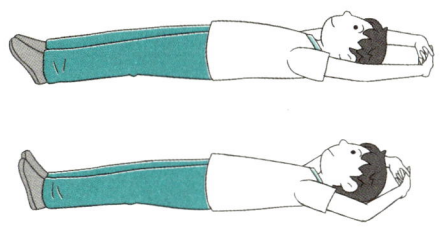

① 천장을 보고 편안히 누운 상태에서 손등을 안으로 향하게 만드는 하고 머리 위로 쭉 뻗는다. 이때 손끝을 보듯이 목을 펴고 발끝을 뻗는다.
② 전신의 힘을 자연스럽게 빼준다. 5회 반복.

쑥쑥 스트레칭2 **잠자리 동작**

자는 동안 구부러진 자세와 등뼈에 가해진 체중의 압력을 풀어 전신의 관절과 척추의 이상을 교정해준다.

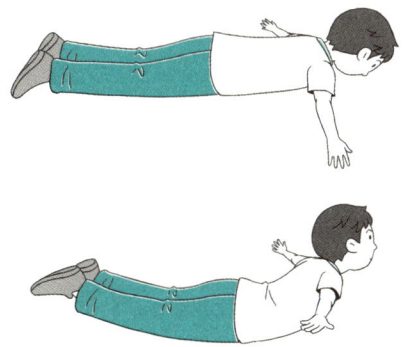

① 엎드려서 전신의 힘을 빼고 양팔을 어깨까지 천천히 펼친다.
② 양팔, 발을 가지런히 한 채로 발끝을 뻗으며 턱을 들어 목을 펴준

다. 이때 양다리도 같이 든다. 다시 ①의 자세로 돌아가 5회 반복.

쑥쑥 스트레칭3 허리 체조

등뼈를 비틀어주어 등뼈를 이루고 있는 관절과 근육을 운동시켜 키가 크도록 자극을 주는 스트레칭이다.

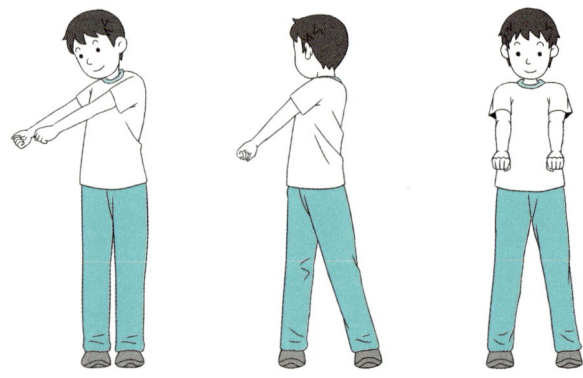

① 다리를 모으고 자연스럽게 서서 양팔을 몸의 한쪽 뒷방향으로 세게 돌리면서 허리를 팔을 돌린 쪽으로 튼다.
② 돌린 팔과 허리의 힘을 자연스럽게 뺐다가 처음보다 더욱 세게 다시 돌린다.
③ 한쪽으로 돌린 반동을 이용해 반대쪽으로 돌리면서 팔이 이동하는 쪽 다리를 한 발짝 옆으로 내딛고 반대쪽 다리도 옮겨 발을 모아준다. 좌우 번갈아 10번씩 반복.

쑥쑥 스트레칭4 가슴 펴기 동작

가슴 발육을 도와주고 등뼈와 목뼈 등 성장 발육을 촉진해 다리를 길게 해주는 스트레칭 동작이다.

① 양다리를 가지런하게 하고 자연스럽게 선 상태에서 양팔과 한쪽 다리를 동시에 앞으로 내민다.
② 앞으로 뻗은 양팔을 좌우로 펼치면서 내민 다리의 무릎을 구부려 준다.
③ 양팔을 수평으로 세게 펼치고 체중을 구부린 다리 쪽에 싣는다.
④ 뻗은 양팔을 앞으로 가져오고 다시 양팔을 펼치면서 반대쪽 다리를 내놓는다. 양쪽 10회씩 반복.

쑥쑥 스트레칭5 다리가슴 펴기 동작①

휜 척추를 개선해 등이 자라기 좋게 해준다. 다리의 대퇴골, 목뼈 등의 뼈를 늘린 다음에 등뼈와 다리를 균형 있게 키워준다.

① 자연스럽게 선 상태에서 양팔을 앞으로 뻗으면서 한쪽 다리를 내민다.

② 양팔을 머리 위로 가져가는 동작과 함께 내민 다리를 자연스럽게 제자리로 가져온다.

③ 상체를 앞으로 숙이면서 양팔을 뒤로 힘껏 뻗는다. 반동을 이용해 양팔을 머리 위로 올리고 시선은 앞을 본다.

④ 양팔을 세게 구부린 다음에 다시 팔을 올려 다른 한쪽 다리와 함께 동작을 반복한다. 좌우 10회씩 반복.

쑥쑥 스트레칭6 다리가슴 펴기 동작②

다리를 마찰함으로써 하체의 혈액과 임파액의 순환을 좋게 해 다리뼈와 근육에 충분한 영양을 공급하고 성장을 방해하는 노폐물을 제거시킨다. 안짱다리를 바로잡고 다리를 길게 하는 효과가 있다.

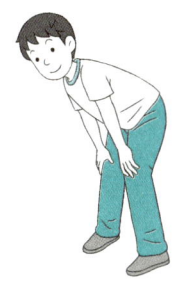  

① 다리를 벌리고 선 후 무릎을 굽히면서 다리의 바깥쪽을 누르듯이 서서 발목까지 마찰한다.

② 상체를 일으켜 세우면서 발목에서 무릎까지 바깥쪽을 누르듯 다시 마찰한다. ①, ② 동작을 한 번 더 반복한다.

③ 2회 반복한 후 손을 허리에 대고 상체를 힘껏 뒤로 젖히면서 발돋움한다. 총 6회 반복.

쑥쑥 스트레칭7 앉아서 하는 스트레칭 동작

근육과 관절을 부드럽게 해주는 동작으로, 호흡은 자연스럽게 하고 과도하지 않도록 주의하며 쉬는 시간마다 반복해주면 좋다.

 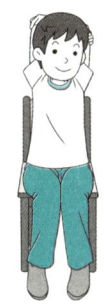 

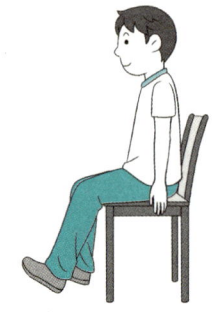  

① 손가락을 깍지 껴서 손등을 안으로 향하게 만들어 자연스럽게 앞으로 편다. 약 20초간 유지하고 2회 반복.

② 한쪽 팔을 머리 뒤로 올리고 구부린 상태에서 팔꿈치를 아래 방향으로 누른 후 30초간 유지한다.

③ 한쪽 손을 반대쪽 머리 위에 두고 천천히 어깨 쪽으로 잡아당긴다. 양쪽 모두 2회씩 반복한다.

④~⑤ 두 발을 바닥에 대고 뒤꿈치를 붙인 상태에서 발가락 부분을 들어올린다. 반대로 발가락을 바닥에 댄 상태에서 뒤꿈치를 최대한 들어올린다. 20회 반복

⑥ 두 손을 깍지 끼고 한쪽 다리를 구부려 가슴 쪽으로 잡아당긴다. 30초간 유지하며 양쪽 모두 해준다.

쑥쑥 스트레칭8 **마무리 동작**

① 무릎을 꿇고 앉아 두 손을 다리에 올려놓고 20~30초 동안 가만히 앉아 있는다. 이때 온몸의 힘을 빼야 한다. 이후 다른 스트레칭을 하더라도 마무리 동작은 동일하다.

온몸이 유연해지는
활짝 스트레칭

아침에 일어나자마자, 또 잠자리에 들기 전 온몸을 활짝 펴주는 스트레칭을 하면 숙면을 취할 수 있어 성장호르몬 분비를 촉진하는 효과가 있다. 하루에 두 번씩 바닥에 앉아 해보자.

활짝 스트레칭1 다리 펴기

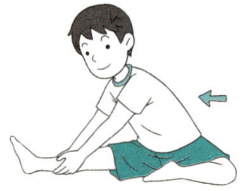

① 왼쪽 다리를 굽히고 오른쪽 다리를 편다.
② 왼쪽 발바닥은 허벅지 안쪽을 향하게 하고 엉덩이 쪽부터 앞으로 숙인다.

③ 뻗은 다리가 바깥쪽으로 돌아가지 않도록 하고 발목과 일직선이 되도록 한다.
④ 반대쪽 다리도 같은 동작을 반복한다.

활짝 스트레칭2 발목 돌리기

① 한쪽 다리를 쭉 편 상태에서 한쪽 발의 발목과 발을 각각 잡고 시계 방향과 반시계 방향으로 번갈아 돌린다. 각 방향으로 10~20회 정도 반복.
② 손가락으로 발가락을 몸 쪽으로 당긴다. 발끝과 발가락의 인대를 스트레칭하는 동작이다. 1회 10초씩 2~3회 반복.

활짝 스트레칭3 뒤로 기울이기

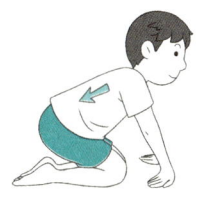

① 무릎을 직각으로 구부린 상태에서 손가락은 무릎 쪽으로 향하게 하고 엄지손가락은 바깥쪽으로 향하도록 바닥을 짚는다.

② 엉덩이를 뒤로 당기듯이 상체를 뒤로 기울이면서 팔을 평평하게 편다.

활짝 스트레칭4 상체 회전시키기

① 다리를 반듯하게 펴고 앉는다.
② 왼쪽 다리를 구부려 발을 오른쪽 무릎 위로 엇갈리게 해 오른쪽 무릎 바깥쪽에 놓는다.
③ 왼손은 등 뒤에 놓고 머리를 서서히 돌려 왼쪽 어깨 너머로 바라보면서 동시에 상체를 왼쪽으로 회전시킨다.
④ 반대 방향으로 같은 동작을 반복한다.

활짝 스트레칭5 발바닥 붙이기

① 손으로 발과 발을 감싸주면서 양쪽 발바닥을 서로 붙인다. 엉덩이와 발뒤꿈치 사이 간격은 본인이 하기에 편안한 거리면 된다.

② 이 상태에서 상체를 앞으로 부드럽게 당기듯 굽힌다.

활짝 스트레칭6 엎드리기

① 무릎을 구부린 채로 앉아서 팔을 앞으로 쭉 뻗으면서 엎드린다.
② 그 자세를 15초 동안 유지한다.

활짝 스트레칭7 엉덩이 근육 펴기

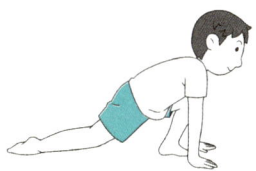

① 두 다리를 쭉 편 상태로 손바닥은 바닥을 짚는다.
② 한쪽 다리를 직각이 되도록 구부려 체중을 앞쪽으로 이동한다.
   반대쪽 다리는 무릎을 바닥에 댄 상태여야 한다.
④ 반대쪽 다리도 같은 동작을 반복한다.

숨은 키를 늘려주는
허리 쭉쭉 스트레칭

책상 앞에 매어 있는 우리 아이들. 공부도 공부지만 컴퓨터에 스마트폰에 아이들의 목과 어깨와 허리가 편할 날이 없다. 지금부터 소개하는 스트레칭 동작들은 앉아 있는 시간이 많은 아이들의 구부정한 자세를 교정해주고 목과 어깨, 허리에 쌓여 있는 피로감을 해소해주면서 척추를 쭉쭉 펴주는 스트레칭이다. 짬짬이 하면 척추를 늘어나 키가 커지는 효과를 볼 수 있다.

쭉쭉 스트레칭1 고양이 자세

 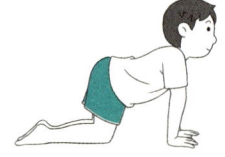

① 무릎을 꿇은 자세에서 고개를 숙이고 허리를 최대한 동그랗게 한 채 10초간 유지한다.
② 고개를 위로 쳐들고 배를 아래로 내민 채 10초간 유지한다.

쭉쭉 스트레칭2 한팔 뻗기

① 무릎을 꿇은 자세에서 오른팔을 쭉 펴고 왼쪽 다리를 뻗은 상태에서 고개를 들어 정면을 본다.
② 반대 방향으로 같은 동작을 반복한다.
③ 양쪽 각각 3회 반복한다.

쭉쭉 스트레칭3 골반 들기

① 누운 자세에서 골반을 살짝 들고 몸을 바닥에 닿게 한 상태에서 10초간 유지한다.
② 같은 동작을 5회 반복한다.

쭉쭉 스트레칭4 무릎 올리기

① 바로 누운 자세에서 양손으로 오른쪽 무릎을 감싸고 무릎이 가슴에 닿도록 당긴 뒤 10초간 유지한다.
② 반대편 다리도 번갈아서 한다.
③ 양쪽 모두 3회 반복한다.

쭉쭉 스트레칭5 새우 자세

① 평평한 바닥에 머리를 대고 눕는다.
② 누운 상태에서 양 무릎을 굽혀 가슴 쪽으로 모아준다.
③ 머리를 들면서 무릎의 반동을 이용해 당겨준다.
④ 1분 동안 20회 정도 한다.

쭉쭉 스트레칭6 상체 젖히기

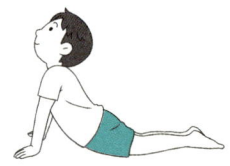

① 바닥에 엎드린 후 손바닥은 가슴 옆에 두고 얼굴은 바닥을 향하고 다리는 충분히 펴준다.
② 손바닥으로 바닥을 천천히 밀면서 허리에 자극이 느껴질 때까지 들어올린다.
③ 10초 정도 유지한다.
④ 3번 반복한다.

쭉쭉 스트레칭7 허리 비틀기

① 누운 상태에서 양팔을 옆으로 뻗고 손바닥을 위로 향하게 한다.
② 두 다리를 들어 오른쪽 다리를 왼쪽 다리 위에 꼬아준다.
③ 꼰 다리를 왼쪽 바닥으로 내리고 시선은 하늘을 향한다.
④ 10초간 자세를 유지하다가 다리를 풀고 반대로 꼬아서 반복한다.

쭉쭉 스트레칭8 허리근력 강화

① 양팔을 옆으로 피고 다리를 들어올린다. 이때 무릎을 약간만 굽히고 무릎이 떨어지지 않도록 한다.
② 다리를 왼쪽으로 돌리며 고개는 반대로 돌린다.
③ 반대쪽으로 번갈아 한다.
④ 좌우로 반복하는 것이 1번이며 총 10회 반복한다.

쭉쭉 스트레칭9 어깨 늘이기 ①

① 오른팔의 팔꿈치를 굽혀 가슴으로 오도록 하고 왼손으로 오른팔 팔꿈치를 가슴 중앙으로 당겨준다.
② 왼쪽도 번갈아서 한다.
③ 양쪽 모두 3회 반복한다.

쭉쭉 스트레칭10 **어깨 늘이기 ②**

① 오른팔을 들어올린 다음 팔꿈치를 굽혀 머리 뒤에 대고 왼손으로 팔꿈치를 잡아당긴다.
② 왼쪽도 번갈아서 한다.
③ 양쪽 모두 각각 3회 반복한다.

엄마와 같이하면 더 좋은
함께 스트레칭

둘이서 함께하기 때문에 더욱 즐거운 스트레칭. 혼자서는 어떤 운동이든 오랫동안 지속하기 어렵지만 둘이 하는 스트레칭은 함께한다는 것만으로도 재미가 있다. 특히 엄마와 아이가 하루 10분만이라도 함께 스트레칭을 하다 보면 교감을 나눌 수 있어 사이가 돈독해지게 된다. 아이의 상태에 따라 성장점을 자극해줄 수 있고 하루 동안 지친 피로를 해소시켜주어 성장에도 도움이 된다.

함께 스트레칭1 등과 어깨의 뭉친 피로를 풀어주는 동작

① 엄마와 아이가 서로 마주보고 선다.
② 서로의 발가락이 가까워진 상태에서 상대방의 손목을 서로 잡아준다.
③ 호흡을 맞추면서 서서히 상체를 뒤로 젖힌다.

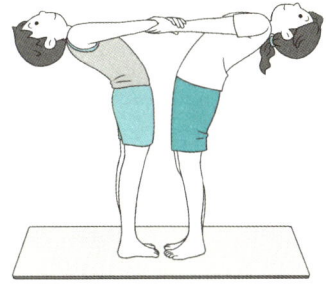

④ 넘어지지 않도록 힘을 조절하면서 15~20초간 유지한다.

⑤ 호흡을 맞추며 다시 원상태로 되돌아온다.

함께 스트레칭2 온몸의 긴장을 완화시켜주는 동작

① 엄마와 아이가 서로 마주보고 선다.

② 서로의 어깨 윗부분에 양손을 얹어준다.

③ 서서히 뒤로 물러나면서 상체를 숙인다.

④ 머리를 숙이고 양손으로 상대방의 어깨를 지긋이 눌러준다.

⑤ 15~20초간 정지한다.

⑥ 호흡을 맞추면서 원상태로 돌아온다.

함께 스트레칭3 옆구리의 유연성을 향상시키는 동작

① 엄마와 아이가 앞을 보고 나란히 선다.
② 서로의 안쪽 다리는 붙이고 양손은 위아래로 잡아주며 다리는 어깨너비 두 배 정도로 벌린다.
③ 바깥쪽 다리를 구부리면서 양손에 힘을 실어 서로 잡아당긴다.
④ 15~20초 동안 유지한다.
⑤ 반대편도 동일하게 실시한다.

함께 스트레칭4 척추의 탄력성을 향상시키는 동작

① 엄마는 뒤에서 아이를 보며 서고, 아이는 엄마 앞에 등을 지고 선다.
② 아이는 다리는 어깨너비만큼 벌리고 한쪽 방향으로 몸을 비틀어 엄마의 손을 잡는다.
③ 서로가 적당히 힘을 실어서 아이의 척추가 최대한 비틀어지도록 한다.
④ 15~20초간 유지하고 반대쪽으로도 실시한다.

함께 스트레칭5 삐뚤어진 어깨를 교정하는 동작

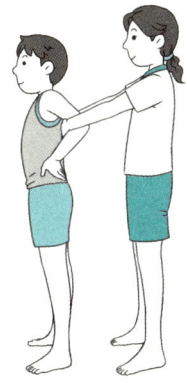

① 아이가 엄마 앞에 등을 지고 서서 양손을 허리에 얹는다.
② 엄마는 아이 뒤에 서서 구부린 팔 안쪽으로 양손을 감싸 안고 깍지를 끼워 등 위에 손을 댄다.
③ 엄마가 팔을 펴주면서 아이의 팔꿈치가 최대한 뒤로 젖히게 해준다.
④ 15~20초간 유지한다.

함께 스트레칭6 전신의 기혈을 강화하는 동작

① 엄마와 아이가 등을 마주대고 바르게 선다.
② 서로의 팔을 감싸 앉고 엄마가 무릎을 굽혀서 아이의 엉덩이 밑으로 내려가 떠받치듯 들어올린다.
③ 아이가 엄마의 등 위에서 허리를 쭉 펼 수 있도록 천천히 굽힌다.
④ 아이의 손목을 잡아 지긋이 당긴다.
⑤ 15~20초간 동작을 유지한다.

함께 스트레칭7 고관절의 성장점을 자극하는 동작

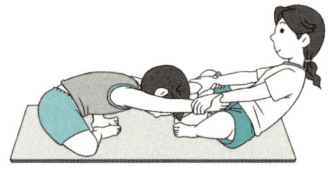

① 엄마와 아이가 각각 발바닥을 붙이고 마주 앉는다.
② 서로 손목을 잡는다.
③ 호흡을 맞추어서 엄마가 아이의 상체를 당겨준다. 이때 엉덩이가 들리지 않도록 한다.

④ 15~20초간 정지하고 아이도 동일하게 엄마의 상체를 당겨준다.

함께 스트레칭8   안쪽 허벅지의 유연성을 키워주는 동작

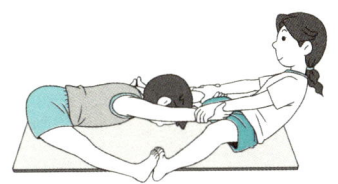

① 엄마와 아이가 발을 마주 붙이고 다리를 최대한 벌려 앉는다.
② 서로의 손목을 잡고 호흡을 맞춰서 엄마가 아이의 상체를 당겨준다. 이때 무릎이 굽어지지 않게 한다.
③ 15~20초 정지하고 아이도 동일하게 엄마의 상체를 당겨준다.

함께 스트레칭9   허리의 피로를 풀어주는 동작

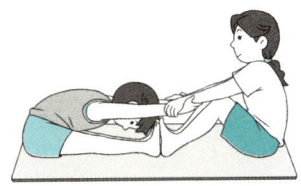

① 엄마와 아이가 마주보고 앉아 서로의 발바닥을 마주 붙인다.
② 엄마가 무릎을 구부리고 등을 동그랗게 한다.
③ 서로의 손목을 잡고 호흡을 맞추어 엄마가 아이의 상체를 당겨준다.
④ 15~20초간 정지하고 아이도 동일하게 엄마의 상체를 당겨준다.

함께 스트레칭10 엉덩이와 허리의 근력을 강화시켜주는 동작

① 엄마와 아이가 마주보고 앉아 양쪽 다리를 구부려서 서로의 발바닥을 마주 붙인다.
② 앞으로 팔을 뻗어 서로의 손을 잡고 한쪽 다리를 서서히 펴준다.
③ 허리를 바르게 세워서 이완을 느끼며 15~20초 동안 정지한다.
④ 반대쪽 다리도 동일한 자세를 취한다.

함께 스트레칭11 어깨의 피로를 풀어주는 동작

① 아이는 무릎을 펴고 바르게 앉는다.
② 양손의 깍지를 끼워 위로 뻗는다.
③ 엄마는 아이 뒤에서 한쪽 팔을 아이의 깍지 낀 팔 안으로 넣는다.
④ 팔을 구부려서 아이의 팔을 위쪽으로 당겨준다.

⑤ 이때 아이의 등이 쫙 펴질 수 있도록 무릎으로 등을 살짝 밀어준다.

함께 스트레칭12 **어깨의 유연성을 향상시키는 동작**

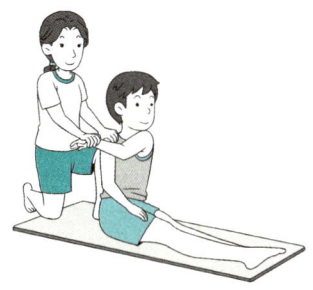

① 아이는 다리를 펴고 바르게 앉는다.
② 엄마가 아이 뒤로 가서 한 다리로 아이의 등을 지지해주고 다른 다리는 바닥을 대고 앉는다.
③ 엄마가 한 손으로 아이의 어깨를 잡고 다른 한 손으로 그 어깨의 반대편 손목을 잡는다.
④ 아이의 어깨에 얹은 손에 힘을 실어주고 아이의 손목을 잡은 손은 지긋이 당겨준다.
⑤ 15~20초간 정지하고 반대편 팔도 동일하게 반복한다.

함께 스트레칭13 **온몸에 뭉친 피로를 회복하는 동작**

① 아이는 다리를 펴고 바르게 앉는다.
② 엄마는 아이의 등 뒤에서 아이의 손목을 잡고 양쪽 발바닥으로 등을 받쳐준다.

③ 아이의 손목을 뒤로 당겨주면서 다리를 뻗어 아이의 등을 앞으로 밀어준다.

④ 이때 아이는 고개를 뒤로 젖혀 15~20초간 정지한다.

함께 스트레칭14　소화력을 증진시키고 척추 긴장을 풀어주는 동작

① 아이는 양반다리를 하고 바르게 앉아 양손을 머리 위로 깍지 낀다.

② 엄마가 아이의 한쪽 다리 안쪽으로 들어가서 선다.

③ 양손으로 아이의 팔꿈치를 잡아서 서서히 몸을 비틀어준다.

④ 최대한 몸이 돌아가면 그 자세에서 15~20초 동안 정지하고 반대편도 동일하게 실시한다.

함께 스트레칭15 **허리 근력을 키워주는 동작**

① 아이는 바닥에 바르게 엎드려 눕는다.
② 고개는 앞을 바라보고 양다리를 모아서 하체에 힘을 준다.
③ 아이의 허리 부분에 엄마가 다가가 선다.
④ 양손으로 아이의 무릎 부분을 잡고 45도 정도 들어올린다.
⑤ 15~20초 간 정지하고 호흡에 맞춰 천천히 원상태로 내려온다.

함께 스트레칭16 **스트레스를 해소하고 어깨의 유연성을 키우는 동작**

① 아이는 바닥에 바르게 엎드려 눕는다.
② 팔을 뒤로 넘겨 양쪽 팔꿈치 부분을 손으로 잡는다.

③ 엄마는 아이의 허리 부분에 서서 양손으로 아이의 팔꿈치를 들어 올린다.

④ 무릎으로 아이의 어깨 뒷부분을 살짝 밀어주면서 등과 어깨가 쫙 펴지게 한다.

⑤ 15~20초간 정지한다.

함께 스트레칭17 원기를 회복하고 척추의 탄력성을 증가시키는 동작

① 아이는 바닥에 바르게 눕는다.

② 양손을 엉덩이 바로 옆에 바르게 펴 놓는다.

③ 엄마는 아이의 발뒤꿈치 부분을 양손으로 잡고 위로 들어올린다.

④ 아이는 온몸에 힘을 주고 몸이 최대한 펴지도록 한다.

⑤ 15~20초간 정지하고 호흡에 맞춰 원상태로 돌아온다.

초등학교 때 키가 평생을 좌우한다

펴낸날	초판 1쇄 2013년 4월 15일

지은이	류도균
펴낸이	심만수
펴낸곳	(주)살림출판사
출판등록	1989년 11월 1일 제9-210호

경기도 파주시 문발동 522-1
전화 031-955-1350　팩스 031-955-1355
기획·편집 031-955-4675
http://www.sallimbooks.com
book@sallimbooks.com

ISBN 978-89-522-2639-6　13590

※ 값은 뒤표지에 있습니다.
※ 잘못 만들어진 책은 구입하신 서점에서 바꾸어 드립니다.

책임편집 **류혜정**